Liv ist Pflegerin, Mitte dreißig und führt ein scheinbar perfektes Leben in einem Osloer Einfamilienhaus. Sie liebt ihren Mann Terje und ihre beiden Kinder Rosa und Johannes. Aber was kaum jemand weiß, nicht einmal ihr Mann: Liv ist vor Jahren vergewaltigt worden.

Der Gang zum Zahnarzt ist für sie eine Herausforderung; wenn sie nachts von der Bushaltestelle nach Hause läuft, muss sie Terje anrufen. Überall lauert die Angst. Liv bemüht sich, die Oberfläche frei von Kratzern zu halten. Auch wenn sie hinter der Fassade damit beschäftigt ist, ihr Trauma zu bewältigen: Sie will die Opferrolle nicht annehmen. Der Vorfall liegt ein halbes Leben zurück, warum soll er immer noch bestimmen, was sie im Hier und Jetzt tut?

›Macht‹ ist ein Buch mit großer Schlagkraft. Eindringlich schildert Heidi Furre das Nebeneinander von Zweifel und Selbstbestimmtheit, Mut und Wut.

Heidi Furre, geboren 1985, hat bereits mehrere Romane veröffentlicht. ›Macht‹, ein NORLA-Empfehlungstitel 2021, ist der erste, der auf Deutsch erscheint. Heidi Furre arbeitet als Fotografin und lebt in Oslo.

Karoline Hippe übersetzt aus dem Norwegischen, Dänischen, Schwedischen und Englischen, u. a. zuletzt Heidi Sævareid, Linn Strømsborg, Lotta Elstad und Ida Lødemel Tvedt.

Heidi Furre

MACHT

Roman

**Aus dem Norwegischen
von Karoline Hippe**

DUMONT

Die Übersetzung wurde gefördert durch NORLA.

NORLA
Norwegian
Literature Abroad

MIX
Papier | Fördert
gute Waldnutzung
FSC® C014496

Das bei der Produktion dieses Buches entstandene CO2 wurde
durch die Finanzierung von Klimaschutzprojekten kompensiert:
climate-id.com/17531-2110-1001/de

Februar 2024
DuMont Buchverlag, Köln
Alle Rechte vorbehalten
© FLAMME FORLAG 2021
Die norwegische Originalausgabe erschien 2021 unter dem Titel ›Makta‹
bei Flamme Forlag, Oslo.
© 2023 für die deutsche Ausgabe: DuMont Buchverlag, Köln
Übersetzung: Karoline Hippe
Umschlaggestaltung: Lübbeke Naumann Thoben, Köln
Umschlagabbildung außen: © plainpicture/Reilika Landen
Fotos Innenseiten: Niki de Saint Phalle, 1961
© Gragnon François/Paris Match Archive
Satz: mittelstadt 21, Vogtsburg-Burkheim
Gesetzt aus der Minion Pro
Druck und Verarbeitung: GGP Media GmbH, Pößneck
Gedruckt auf säurefreiem und chlorfrei gebleichtem Papier
Printed in Germany
ISBN 978-3-8321-6728-8

www.dumont-buchverlag.de

Jeden Tag gehe ich an einem Haus aus rotem Backstein vorbei. An der Tür hängt ein Kranz, der mit den Jahreszeiten wechselt. Jetzt ist Oktober. Der Kranz ist aus weißem Heidekraut und ockergelben Samtbändern gebunden. Bald ist Allerheiligen. Dann werden dort Kürbisse auf der Treppe liegen. Sie sind klein, in den unterschiedlichsten Farben, unterschiedlich gemustert. Nicht von dieser vulgären orangen Sorte, sondern perfekte kleine Gewächse. Und es sind viele, sie quellen über die Treppenstufen. Ich habe keine Ahnung, aber die kosten sicherlich tausend Kronen. Der Kranz kostet bestimmt fünfhundert. Im Fenster hängt eine Louis-Poulsen-Pendelleuchte. Die kostet zehntausend.

Vorher hat dort eine andere Familie gewohnt. Mann, Frau, zwei hübsche Kinder. Sie haben das Haus für mehrere Millionen verkauft. Gut zu wissen, schließlich decken Schadensersatzsummen für Opfer häuslicher Gewalt nur einen Bruchteil der heutigen Immobilienpreise ab. Eines Nachts ist dort etwas passiert. Die Frau kam auf die Straße gerannt, unbekleidet. Sie schrie sich die Seele aus dem Leib. Ein Nachbar hatte eine Daunenjacke über sie geworfen, ehe die Polizei kam und sie in Wärmefolie einwickelte. Den Mann trugen sie auf einer Trage hinaus. Sie hatten ihm Handschellen angelegt. Die neuen Bewohner wissen, was passiert ist. Sie schlafen im selben Schlafzimmer. Ihre Kinder spielen in denselben Kinderzimmern. Verbringen dort ihre geborgene Kindheit. Bald werden sie den Weihnachtsbaum schmücken. Nichts in diesem Haus ist für mich begehrenswert. Ich schaue lieber nicht zum Küchenfenster hinein, zur Designerlampe und all den maßgezimmerten Bücherregalen. Gehe schnell vorbei, denn das Haus katapultiert mich zurück in einen Raum, in dem ich nicht sein möchte. So darf ich gar nicht denken, sonst gäbe es keine

Räume mehr, in denen ich mich aufhalten könnte. Denn es ist allgegenwärtig, das, was ich versuche zu vergessen. Alle Räume haben ihren eigenen Klang, in kürzester Zeit kann die Tonlage von sicher zu unsicher kippen. Meine Aufgabe ist es, ganz genau hinzuhören. Ich habe kein absolutes Gehör, aber es ist gut ausgebildet. Eine Schlange horcht mit ihrem gesamten Körper nach Gefahren, sie spürt, wie der Boden unter ihr vibriert. Sie lauscht mit Schuppen und Skelett, bevor sie ihre Beute angreift oder unter dem Wurmfarn Schutz sucht.

Ich schöpfe einen kranken Trost aus dem, was in diesem Haus geschehen ist. Dass ich nicht die Einzige bin. Dass es nicht möglich ist, sich an Orten aufzuhalten, an denen einem nichts passieren kann. Die Frau war draußen auf der Straße sicherer, nackt, mitten in der Nacht. Sicherer als in ihrem eigenen Bett. Also bin ich frei, denn es gibt keinen Raum, der sicher ist. Ich telefoniere immer mit meinem Mann, wenn ich abends nach Hause gehe. Ich sage:

Jetzt gehe ich an der Bushaltestelle vorbei.

Jetzt gehe ich am Apfelbaum vorbei.

Jetzt gehe ich am Backsteinhaus vorbei.

Jetzt musst du kommen und mich finden, falls etwas passiert.

Wir bleiben in der Leitung, bis ich den Schlüssel ins Schloss stecke. Es ist nicht so, dass ich Angst habe; der Anruf auf dem Heimweg ist ein Ritual, das in Fleisch und Blut übergegangen ist. Das ist meine Art, in dieser Welt zu sein. Mein Gang und mein Blick ändern sich mit den Lichtverhältnissen. Den Park allein im Dunkeln würde ich nicht betreten, dort existieren unsichtbare Grenzen, sobald die Nacht anbricht. Unter den Straßenlaternen gehe ich nach Hause. Halte an dem Selbstbetrug fest, dass mein Zuhause der sicherste Ort der Welt ist.

———————

Der Vorfall mit der Frau auf der Straße gilt in der Nachbarschaft als besonders außergewöhnliche Geschichte. Es war ein Skandal, aber sie haben viel für das Haus bekommen. Zur Besichtigung kamen lauter Familien mit Kindern, die jede beliebige Summe gezahlt hätten. Die Nachbarn sind auch alle zur Besichtigung gegangen, vor allem, um nach Antworten zu suchen. Aber das Haus war wie jedes andere, hübsche Möbel, glatte Oberflächen. Was dort passierte, war abscheulich. So etwas konnte doch hier nicht geschehen sein. Das war eine Ausnahme. Aber ich weiß, dass es so was gibt. Es existiert in mir und in anderen. Anscheinend existiert es in einer von zehn Frauen. Es. Alle sind sich einig, dass es nicht existieren darf, und trotzdem tut es das. Was gesagt wird und was passiert, passt nicht zusammen.

Oft kann ich es anderen ansehen. Ich weiß nicht genau, woran ich es festmache, denn es ist flüchtig. Es lebt in den Gesichtern. In der Haut, um den Mund herum, in den Augen. Einige Frauen tragen den Schmerz im Gesicht. Männer auch. Es ist schwer zu greifen, es windet sich so leicht davon. Es trotzt der Jugend, es trotzt der Schönheit. Ich habe es anderen schon als Kind angesehen, ehe ich wusste, was es ist. Ich habe es Kindern angesehen. Ich habe es älteren Frauen angesehen. Manchmal sehe ich es auch in mir selbst. In den Poren, im Hautton, in den Grübchen. Es tröpfelt heraus, wenn ich nicht aufpasse.

Pretty Woman war lange mein Lieblingsfilm. Es geht um eine Sexarbeiterin, die von einem ihrer Kunden gerettet wird. Das erste Mal, als ich den Film sah, habe ich das Kind der Nachbarn babygesittet. Sie hatten einen ausgebauten Partykeller und eine Satellitenschüssel. Um 22:00 Uhr kamen sie nach Hause, drückten mir zwei Fünfziger in die Hand, und ich liebte es, im Dunkeln heimzugehen, die zwei grünen Scheine in der Hosentasche. Ich liebte Vivian in ihren Nuttenstiefeln, aber auch im adretten Kostüm. Ich durchwühlte meinen Schrank nach nuttigen Klamotten, träumte vor allem von der blonden Perücke. Zog einen Badeanzug und einen Rock an, stand vor dem Spiegel und sehnte mich nach einem Leben in Beverly Hills. Vivian wollte Sex, aber keine Küsse auf den Mund. Ich verstand das nicht, sah aber ein, dass ich auch lernen musste, so zu denken. Dachte, dass ich eines Tages erregt werde, indem ich meinen Kopf von meinem Körper abspalte. Am Anfang des Films hört man eine Stimme aus dem Off. Eine Stimme, die sagt: Eine tote Frau wurde in einem Container gefunden. Es war ein Freitagabend, ich aß Süßigkeiten. Die Szene mit dem Container verstand ich nicht, aber ich atmete erleichtert auf, als Richard Gere Julia Roberts von der Straße auflas. Die Ästhetik des Films war einladend, so wollte ich leben. Tolle Klamotten, glänzender Latex, schimmerndes Haar. Ich mochte schöne Menschen, das tue ich immer noch. Ich betrachte Julia Roberts' Gesicht, es ist genauso schön wie 1990. Meine Kosmetikerin erzählte mir, dass sich alle mit Ende dreißig ein kleines Lifting gönnen. Man müsse damit anfangen, bevor es zu spät sei, dem Alterungsprozess vorbeugen, denn das erwarten die anderen von dir.

In Gedanken spiele ich verschiedene Ideen durch, was ich mit meinem Gesicht alles anstellen kann. Gut auszusehen ist ein Spiel, das im

Verborgenen ausgetragen wird. Ein essenzieller Teil des Spiels ist es, nichts preiszugeben. Wenn ich ungeschminkt bin, bin ich selbstverständlich nicht ungeschminkt. Erst trage ich eine Tagescreme auf, die ein bisschen Tönung enthält, ein bisschen Concealer unter die Augen, ein bisschen Highlighter auf Wangen und Stirn, ein bisschen Augenbrauenstift zum Schluss. Eine sanfte Farbe auf die Lippen. Bevor ich das Haus verlasse, gehe ich noch einmal schnell ins Badezimmer, besprühe mein Gesicht mit Feuchtigkeitsspray. Ich will für mich behalten, wie viel Zeit ich für all das verschwende. Deshalb verschwende ich erst viel Zeit mit der Handlung selbst und dann damit, die Handlung zu vertuschen. Und schließlich verschwende ich meine Zeit damit, mich für diese ewige Fixierung auf mein Äußeres zu schämen.

Die Zeit, die dabei vergeht, ist nicht greifbar, selbst für mich gerade nur so. Das Planen von Outfits ist ein kompliziertes Puzzle. Es muss willkürlich wirken, aber alles andere als willkürlich sein. Wie Patti Smith in neuen weißen Sneakern. Suzanne Brøgger mit Eyeliner. Meghan Markle nach der Geburt. Willkürlich wie die Anzahl der Stunden, die Christine Blasey Ford auf dem Friseurstuhl saß, bevor sie eine Rede vor dem Senat hielt. Oder wie Alexandria Ocasio-Cortez, gut gekleidet, jung und hübsch. Rote Lippen, dezentes Augen-Make-up. Sie weiß, was das zu bedeuten hat, vor allem wenn man sich erhebt und etwas Wichtiges sagen will.

Die Pflichten kommen zum Vorschein, wenn ich ihnen nicht mehr nachgehe. Das Nichtgeschminktsein hat Konsequenzen, es ist nur eine Frage von Stunden. Wenn ich die Grippe habe, oder Magen-Darm, bricht alles in sich zusammen. Ich stehe auf, die wenige Energie, die ich noch habe, geht dafür drauf, Frühstück zu machen, Brote zu schmieren, die kleinen Kinder in die großen Schneeanzüge zu stecken. Sobald sie aus der Tür sind, gehe ich zurück ins Bett, um das Fieber wegzuschlafen. Und dann kommt es zum Vorschein. Das Hässliche, Erschöpfte, Zerzauste. Je älter ich werde, umso teurer wird

es. Ich hinke schneller hinterher. Bringe die Kinder in den Kindergarten und beobachte, wie eine Mutter einen Vintage-Mantel von
Max Mara an den Haken ihres Kindes hängt. Der kostet fünftausend.
Ich gehe zu Elternabenden, alle Mütter sind schön. Die Person neben
mir trägt ein Set aus Kaschmir. Zweitausend. Ich sitze da und studiere jemanden am anderen Ende des Raumes. Jedes noch so kleine
Detail ist überlegt, lackierte Nägel, frisiertes Haar, die Kleider sehen
neu aus. Die einzigen Dissonanzen sind die blauen Plastikschoner
über den Schuhen, aber ich kann hier und da hohe Absätze unter
ihnen erahnen. Bei der Vorstellungsrunde sage ich, mein Name ist
Liv, ich bin die Mutter von Johannes und Rosa. Ich habe natürlich
auch meine Hausaufgaben gemacht. Mein Haar habe ich hochge-
steckt, mit einer schildkrötengemusterten Spange, wie sie alte Frauen
oft tragen. Habe mir die dunklen Ringe unter den Augen und die
Stresspickel auf der Stirn weggeschminkt. Schicke Klamotten, aber
nicht zu schick, damit die anderen sich nicht underdressed fühlen.
Ich habe verstanden, was hier erwartet wird. Dass es kein Ziel gibt,
nur einen ewigen Balanceakt auf Messers Schneide zwischen dem
Natürlichen und dem Kontrollierten.

Jedes Mal, wenn ich zum Zahnarzt soll, muss ich mir den Rest des Tages freinehmen. Bei der Arbeit erzähle ich, dass sie mir die Weisheitszähne ziehen, obwohl ich nur zur Kontrolle muss. Die Zahnärztin ist lieb. Sie hat langes, dunkles Haar, weiße Zähne und nur dezent aufgespritzte Lippen. Erst liege ich in einem Raum mit gedimmter Beleuchtung. Ob ich eine Decke haben möchte, ja, bitte, sag ich. Die Zahnärztin verlässt den Raum. Dort liege ich und schaue an die Decke, höre das Surren der Lüftung. Drehe mich um und ziehe die Decke fester um mich. Ein zugezogener Vorhang sorgt dafür, dass mich hier niemand liegen sieht. Solche Räume sind geheime Clubs, nur für uns, die Bescheid wissen. Ein sicherer Salon für Eingeweihte. Die Zahnärztin kommt zurück, bittet mich, eine Mixtur zu trinken. Fragt mich, wie es mir mit meiner Angst geht. Ich sage, dass alles gut ist, solange ich das hier bekomme. Stürze die Mixtur hinunter, obwohl ich weiß, dass sie nicht stark genug ist. Eine halbe Stunde später spüre ich das Kribbeln, das sich über meinen ganzen Körper legt. Ich habe genauso viel Angst, bin aber zu dösig, um mich zu wehren. Wir gehen in das Behandlungszimmer der Ärztin, sie stützt mich. Sie sind so gut zu mir, sage ich. Ich weiß, ich werde wegen so einer leichten Dosis nicht das Gleichgewicht verlieren, lasse es aber trotzdem zu, dass sie mich stützt, fürs Image. Außerdem fühlt es sich gut an, so gehalten zu werden. Ich lege mich in den Behandlungsstuhl, wieder starre ich hinauf an die Decke. Das Schlimmste ist nicht das Geruckel an den Zähnen. Das Schlimmste ist es, an die Decke zu starren, und drauf zu warten, dass es endlich vorbei ist.

––––––––––––

Ich schneide kleine Kindernägel und sauge sie vom Fußboden auf. Ab und zu tauchen solche kleinen Nägel an Orten auf, an denen ich sie am wenigsten erwarte. Ich entdecke sie, verhakt in der Wolle eines Pullovers, während ich unterwegs bin. Plötzlich ist sie einfach da, eine kleine Mondsichel. Dann bin ich gerührt von dem Gedanken, dass sie mich den ganzen Tag begleitet hat, ein winziger Teil vom Körper eines meiner Kinder. Aber gerade haben diese Nägel keinen sentimentalen Wert für mich. Ich stelle den Staubsauger weg, gehe in die Küche. Schmiere vier Brote, verteile sie in vier Brotbüchsen, wasche Trauben und Tomaten, trockne sie an etwas Küchenpapier ab und lege sie obendrauf. Später denke ich manchmal daran, wie diese Brotbüchsen an die Kinder verteilt werden. Wie sie beim Öffnen Hilfe benötigen. Dann bereue ich es immer, mir nicht mehr Mühe beim Schmieren gegeben zu haben, an genau diesem Tag nicht kreativer gewesen zu sein. Das tue ich oft, bereue meine frühere Knauserigkeit.

Ich ziehe Rosa an, kämme ihr das verfilzte Haar, während sie um mich herumspringt. Terje kommt aus der Dusche, Johannes zieht sich selbst an. Ich sehe, dass er den Pullover auf links überstülpt, lasse ihn einfach. Jeder Morgen fühlt sich so an, als würde ich in einem Labyrinth erwachen, jeden Tag ist dieses Labyrinth ein bisschen verändert. Ungeahnte Wendungen und Hindernisse tauchen auf. Ein Streit, irgendeine Klamotte fehlt. Volle Mülltüten im Flur. In der Sekunde, in der sich die Haustür öffnet, wird es still. Der Augenblick, auf den wir alle hingearbeitet haben. Die Kinder stürmen hinaus in die Welt, alle winken allen. Alle lieben alle, Mama liebt Rosa, Rosa liebt Mama, Papa liebt Johannes, Johannes liebt Papa, Mama liebt Johannes, Johannes liebt Mama, Papa liebt Rosa, Rosa liebt Papa. Ich schließe die Haustür und gehe ins Bad. Föhne mir die Haare, reinige mein Gesicht, trage Serum und Tagescreme auf. Ich muss gar nicht auf die Uhr schauen, heute habe ich Spätschicht. Im Haus ist es still. Ich hole Puderpinsel und kleine Paletten mit den unterschiedlichsten Farben hervor. Male mir eine neue Haut auf die Haut. Male neue Farben darüber. Verbessere mich selbst, so wie es sich gehört. Ich habe mir angewöhnt, diese Aufgaben zu genießen. Früher habe ich diesen Moment dazu genutzt, vor mich hinzuträumen.

In meiner Jugend habe ich mich geschminkt, um eine andere zu werden. Das Ziel lag in der Zukunft, dort wollte ich hin. Sich morgens ein neues Gesicht aufzumalen war entscheidend, es würde mich an dieses Ziel bringen. Ich wusste nicht, dass ich mal in diesem Haus stehen würde, im Leben angekommen. Ich bin mittleren Alters. Guck, hier ist mein Leben. So lief's bisher. Ich bin nicht kaputt.

Ich gehe in die Küche und räume den Frühstückstisch ab. Heize den Ofen ein und stelle eine Maschine Wäsche an. Aus dem Küchenfenster sehe ich den Fernseher der Nachbarn leuchten. Auf dem Bildschirm sind zwei Personen in einem Studio, die sich miteinander unterhalten. Zwischen ihnen liegt eine Bibel auf einem Tisch. Bei den Nachbarn läuft ständig dieses Programm, der Fernseher leuchtet jede Minute, das ganze Jahr über. Ich stelle meinen Laptop auf einen kleinen Schemel und rolle meine Yogamatte aus. Tippe den Namen der Yogalehrerin ein, die ich am liebsten mag. Sie gibt mir ein Gefühl von Sicherheit und Freude, obwohl eigentlich alle, die Yoga machen, gestört sind. Ich tue dreißig Minuten lang, was sie sagt. Werde ruhig und müde. Am Ende des Videos bittet sie mich, eine bequeme Sitzhaltung einzunehmen und die Gedanken vorbeiziehen zu lassen. Das tue ich. Schließe die Augen und atme. Höre den schwachen Atem der Yogalehrerin. Das Video endet, es folgt eine Werbung für einen Podcast über den Mord an einer jungen Frau. Ich klappe den Laptop zu und mach mich fertig für die Arbeit.

Bei meiner Arbeit kümmere ich mich nicht um die Alten, sondern um die Jungen. Man muss nicht alt sein, um in einem Pflegeheim zu landen, sondern pflegebedürftig. Einer meiner Patienten ist fünfundsechzig Jahre alt. Sein Körper ist noch jung, aber sein Gedächtnis ist bald fort. Wenn ich Zeit habe, setze ich mich beim Abendessen zu ihm. Heute wirft er den Teller auf den Boden. Der Teller zerbricht. Ich sammele die Porzellanscherben ein, wische das Essen auf. Hole eine neue Portion und stelle sie auf den Tisch. Aus der Entfernung sieht er gesund aus. Er hat eine jugendliche Erscheinung, Sneaker und Trainingsjacke. Seine Garderobe hat sich seit seinem Einzug nicht verändert. Klamotten, die zu einem sportlichen, fitten Menschen gehören. Während meiner Ausbildung habe ich gedacht, dass die Arbeit mit Kranken leichter sein würde, dass ich es einfach nur als Job sehen könnte. Aber es ist nicht leichter geworden, es fühlt sich eher so an, als bewegte ich mich um etwas herum, das ich nicht loslassen kann. Ich begegne mehr Kranken als Gesunden, warte nur darauf, selbst eine von ihnen zu werden. Vor allem plagt mich der Gedanke an die Angehörigen. Die Panik steht ihnen ins Gesicht geschrieben. Diese Gesichter rauben mir nachts den Schlaf. Alle sagen dasselbe, dass es so ungerecht sei. Aber vielleicht ist gerade gerecht, dass die Krankheit vor niemandem haltmacht. Nicht vor den Guten, nicht vor den Jungen oder denen, die für sich selbst zahlen, für sich selbst sprechen können. Es geschieht einfach.

Nach ein paar Runden im Grünen sehe ich den Patienten draußen auf einer Bank sitzen. Die Sonne verschwindet hinter den Häuserblocks. Das rötliche Abendlicht steht ihm, denke ich. In dem kleinen Garten im Innenhof können die Patienten und Patientinnen sich frei bewegen. Eine ältere Dame harkt Laub, die anderen sitzen drinnen und schauen fern. Wir sind heute nur zu zweit in der Spätschicht, ich und eine Krankenpflegestudentin. Die Studentin putzt gerade die Küche und räumt die Spülmaschine ein. Sobald sie fertig ist, schließe ich die Tür zum Medikamentenvorrat auf und bereite die Dosierungen für die Abendrunde vor. Optimal ist es nicht, die Studentin derweil mit den Patienten allein zu lassen, aber normalerweise geht das schon. Die Abende sind wie bei uns zu Hause, sobald alle gegessen haben, bricht eine Flut an Aufgaben über uns herein. Medizin soll genommen werden, Windeln gewechselt, Nachthemden zugeknöpft. Der erste Patient geht um neun ins Bett, der nächste um halb zehn. Dass Ganze muss geschmeidig vonstattengehen, denn bestenfalls sollen alle bereits schlafen, bevor die Nachtschicht anfängt. Doch es gibt auch solche, die niemals schlafen, sondern bloß in ihren Betten warten. Eine ältere Dame kommt nur dann zur Ruhe, wenn ihre Tür abgeschlossen ist. Erst wenn sie das Klicken im Schlüsselloch hört, kann sie einschlafen. Ich kann sie gut verstehen. Vor ein paar Jahren wurden unsere Pflegepersonaluniformen geändert, jetzt tragen wir nur noch ein weißes Oberteil zu normalen Hosen. Den Patienten gefiel das, wir entfernten einen kleinen Teil dessen, was dazu beitrug, dass sie sich krank fühlten. Um sie herum gibt es genug, das an ihren Zustand erinnert. Sie schlurfen mit Pantoffeln über den Linoleumboden. Alle Stühle und Betten sind mit Pissbezügen bezogen. Auf den Esstischen liegen geblümte Plastikdecken, die Sessel im Aufenthaltsraum sind aus abwaschbarem Skai-Kunstleder.

Der Nachtdienst kommt. Wir tauschen Informationen, ich fülle das Protokoll der Spätschicht aus. Nachts arbeiten oft die Jungen, sie glauben, sie könnten sich verausgaben, ohne sich kaputt zu machen. Die Mutigsten nutzen die Nacht, um im Fitnessraum zu trainieren. Nachts auf dem Laufband, das erinnert mich an meine Teenagerzeit. Der Zwang, abends im Zimmer Sit-ups zu machen. Das war konstruktiv. Die Jeans sollte stramm sitzen, der Pulli war kurz. Aber es heißt, Sport verlängert das Leben, und Nachtarbeit verkürzt es, ist vielleicht gar nicht so dumm, das irgendwie auszugleichen. Die Nachtschicht knackt mit ihren Acrylnägeln einen Energydrink auf. Sie trägt Sportklamotten und Wimpernextensions, ihre Wimpern sind eine Spur zu dicht. Sie erreicht damit genau das Gegenteil von dem, was sie erreichen wollte, ihr Blick ist matt und unnahbar. Gleichzeitig weiß ich, dass solche Attribute auch als eine Art Panzer funktionieren, du stößt gewisse Menschentypen ab und ziehst andere an. Die extremen Wimpern verraten, dass auch die Lippen vergrößert sind. Wären die Wimpern nicht so modifiziert, wäre mir der leicht steife Ausdruck um den Mund vielleicht gar nicht aufgefallen. Ich schätze 0,3 Milliliter in der Oberlippe und 0,2 in der Unterlippe. Spüre regelrecht, wie die Tränen kullern, sobald die erste Nadel einsticht. Der zweite Stich, der dritte Stich, der zehnte Stich. Es ist Gift. Die Wimpern sind aus Kunststoff. Ich bitte sie, alle zwei Stunden im Zimmer Nummer vier vorbeizuschauen. Der Patient kommt schon mal auf die Idee, im Dunkel herumzuwandern.

Neuneinhalb Stunden später bin ich wieder bei der Arbeit. Im Pausenraum treffe ich die Nachtschicht an. Wieder öffnet sie mit ihren Nägeln einen Energydrink. Sie blättert in der aktuellen Tageszeitung und erstattet Bericht von vergangener Nacht. Der Energydrink nervt mich, die Qualität ihres Schlafes sollte ihr wichtiger sein. Heute wird eine neue Patientin zu uns kommen, ich lese ihren Namen in einem Brief. Kommt mir bekannt vor. Ich blättere durch das Dokument. Relativ jung, Rehabilitation nach einem Motorradunfall. Zwei Tage lang stand eines der Zimmer leer, ein Patient weniger, den man ins Bett bringen muss, füttern, abwischen, kämmen. Weniger Verantwortung, weniger Herumgerenne. Ich schaue auf die Uhr, ich bin fünf Minuten hinter der Zeit. Mehrere Personen liegen in ihren Betten und warten. Ich gehe zur ersten. Ihr Gesicht erinnert mich an Rosas, wie sie ganz still liegt, in ihrem Gitterbett, nachdem sie aufgewacht ist. Oft bleibe ich in der Tür stehen und beobachte, wer Rosa ist ohne mich. Der Blick der Patientin ist ebenso friedlich, sie schaut aus dem Fenster, sieht einer Elster nach. Sie dreht sich zu mir um, hebt die Hand, dann wendet sie sich wieder der Elster zu. Warte, bedeutet das. Rückwärts verlasse ich den Raum, gehe zum nächsten Patienten. Er ist körperlich fitter, ich stehe hinter ihm und sehe ihm im Spiegel beim Zähneputzen zu. Viele sind noch lange in der Lage, sich selbst die Zähne zu putzen, diese Fähigkeit verschwindet manchmal als letzte. Die Erinnerung sitzt tief in den Muskeln. Zähneputzen ist fast wie Atmen. Er hat guten Kontakt zu sich selbst im Spiegel, er ist im Moment besonders wach. Ich sehe auch das Kind in ihm. Denke daran, wie sehr Kinder es lieben, im Spiegel Grimassen zu ziehen. Ich beneide sie dafür, dass sie keine Angst vor ihrem grotesken Schlund haben. Ich muss das auch gemacht haben, bevor ich den Spiegel mit Verpflichtungen assoziiert habe. Ich lächle den Patienten im Spiegel an, lege eine Hand auf seine Schulter und frage ihn, ob er bereit ist fürs Frühstück. Uns unterscheiden nur winzige Nuancen, ich bin gefangen in meinen Erinnerungen, er ist gefangen in der Abwesenheit seiner. Höflich fragt er mich, ob ich schon lange hier lebe. Ich antworte, dass ich woanders wohne, dass ich hier nur arbeite.

Die neue Patientin kommt nach dem Mittagessen. Eine Frau in den Vierzigern, sie wird von einem kleinen Gefolge begleitet. Ex-Mann, gute Freundin, Bruder. Bruder. Den Bruder kenne ich. Er ist ein bekannter Schauspieler. Ein bekannter Schauspieler und ein bekannter Vergewaltiger. Eine Produktionsassistentin beschuldigte ihn, sie während der Dreharbeiten zu einem Film sexuell missbraucht zu haben. Ich habe den Fall aufmerksam verfolgt, es stand Aussage gegen Aussage, kein Urteil. Sie waren sowohl vor als auch nach dem Missbrauch in einer Beziehung miteinander. Ihre jeweiligen Schilderungen zu dieser Beziehung waren deckungsgleich, bis zu dem Punkt, als es um den Vorfall ging, da verzweigten sich ihre Erzählungen in unterschiedliche Richtungen. Zwei völlig unterschiedliche Versionen ein und derselben Nacht. Von Überschneidung keine Spur. Kein Raum für Mehrdeutigkeiten oder Grauzonen. Eine Aussage war eine Lüge, die andere nicht. Ich habe die Zeitungen sorgfältig studiert, Sätze abgesucht, wollte etwas finden, das verraten könnte, wer nicht die Wahrheit sagte. Aber ich habe nichts gefunden. Beide waren gleichermaßen überzeugend. Einer von ihnen war ein sehr geschickter Lügner. Das charismatische Wesen des Schauspielers machte das Ganze zusätzlich verwirrend. Die Produktionsassistentin hatte alles zu verlieren, falls sie der Falschaussage bezichtigt würde, sie war Freiberuflerin. Nach dem Rechtsstreit kehrte sie nie wieder zu der Produktionsgesellschaft zurück. Der Schauspieler ging nach ein paar Jahren peu à peu wieder seiner Arbeit nach. Er wurde freigesprochen. Und jetzt steht er hier, im Zimmer der neuen Patientin. Er hat ein freundliches Gesicht. Ich gebe ihm die Hand, stelle mich vor. Es passiert so schnell wie ein Angriff aus dem Hinterhalt. Ich erinnere

mich, wie er vor dem Gerichtssaal bespuckt wurde. Auf dem Presse-
foto wischt er sich die Spucke und die Tränen mit dem Handrücken
weg. Jedes Mal, wenn ich dieses Bild sah, tat er mir leid. War das
Strafe genug? Er würde nie verurteilt werden, aber er würde auch
nie mehr nicht der Vergewaltiger sein. Eine unlösbare Gleichung.
Durch einen Schuldspruch wäre diese Gleichung vielleicht weniger
verworren gewesen, aber sie hätte die ewige Verbindung zwischen
Opfer und Täter nicht aufgelöst. Alle hatten ohnehin verloren. Das
Verkorkste war, dass ich dem Opfer gegenüber Verachtung empfand.
Jede Aussage im Gerichtssaal löste Übelkeit in mir aus, weil es meine
eigene hätte sein können. Die Gesetzgebung konnte diesen kranken
Nuancen von Mitleid und Verachtung nichts entgegensetzen. Ich war
wütend. Aber die Wut ist ein seltenes Tier, das seine Gestalt ändert,
sobald ich es sehe.

Ich weiß nicht, wo die Gewalt bleibt, wenn sie verübt worden ist. Sickert sie in die Matratze? (Ich denke jedes Mal daran, wenn ich in einem Hotelbett übernachte.) Wenn sie wie Säure ist, ätzt sie sich durch die Matratze, durchs Parkett, in den Waldboden. Dringt in Hirn und Muskeln. Wird hässlich, zieht hässliche Furchen ins Gesicht. Die Haut rau und grau. Ich hatte mal eine Lehrerin, deren Gesicht völlig grau war. Gelbes Haar hing über dem Pult. Wenn sie etwas an die Tafel schrieb, lag die Kreide schwer in ihrer Hand. Als würde es sie erdrücken, das kleine Kreidestück.

Wie ein Roboter führe ich das Gefolge durch die Station. Öffne die Tür zur Küche und erkläre, dass wir über fünfundzwanzig Prozent Bioprodukte servieren. Der Roboter lächelt und spricht. Der Roboter trägt Pappkartons mit den Sachen der Patientin herein. Packt Bücher und Kleidung aus. Ich biete ihnen einen Kaffee an, bevor sie gehen, schlage vor, dass sie ihn im Garten im Innenhof trinken könnten. Sie nehmen das Angebot dankend an. Ich bleibe drinnen stehen, neben einem Patienten, der fernsieht. Den Filmstar lasse ich nicht aus den Augen, als würde ich die Kontrolle verlieren, wenn ich nicht wüsste, wo er sich gerade aufhält. Als er seine Tasse an den Mund hebt, sieht es so aus, als zittere seine Hand ein wenig. Er trägt eine leichte Wachstuchjacke, eine Cap, graue Jogginghosen und ist dünner, als ich dachte. Ich gehe in den Pausenraum, hier ist zum Glück niemand. Der Roboter notiert alle notwenigen Informationen in der Patientinnenakte. Mach da jetzt keine große Sache draus, sagt er. Die Patientin hat nichts mit den Missbrauchsvorwürfen zu tun. Und selbst wenn, würde das nichts daran ändern, dass ihr die Behandlung zusteht. Ein guter Mensch zu sein ist keine Voraussetzung für einen Platz in dieser Anstalt. Was Patienten getan haben oder waren, verschwindet hier. Ist nicht so schlimm, denkt der Roboter. Ich trinke ein Glas Wasser, wasche und desinfiziere meine Hände. Gehe hinaus in den Garten, sammle die Kaffeetassen ein. Der Filmstar steht auf, geht zurück ins Haus, den Flur entlang und aus der Eingangstür hinaus. Ich stelle die Tassen in die Küche. Meine Hände zittern ein wenig, aber ich kriege das hin. Ich sehe die neue Patientin in einem Gartenstuhl sitzen, sollte mich zu ihr gesellen. Stattdessen sage ich einer Kollegin, dass ich runter in den Keller ins Lager gehe. Ich renne alle Treppen hinunter. Laufe im Untergeschoss hin und her. Es ist wieder das Unfreiwillige. Das Eklige. Ich war mir so sicher, dass es weniger werden würde. Als würde man aus der Stadt wegziehen und nach und nach die Namen von Straßen und Restaurants vergessen. So funktioniert das Eklige nicht, es zieht mir nach. Seine Gestalt und Größe ändern sich, es findet neue Wege. Der Schlüssel zum Medikamentenlager brennt in meiner Tasche. Ich gehe die Liste der verschiedenen Dinge durch, die ich einwerfen könnte. Irre hin und her, laufe dann hoch in den Pausenraum und sehe nach, was ich dabeihabe. Schmerztabletten mit Koffein. Ein Hustensaft, den ich im Urlaub im Ausland gekauft habe. Auf der Schachtel steht Powerful Relief. Ich nehme beides.

Den Rest des Arbeitstages frage ich mich, ob mir jemand das Gehirn ausgesaugt hat. Ich kann nicht denken. Kann nicht denken, es hallt wie ein Echo zwischen den Schädelwänden. Der Mond ist aufgegangen, er scheint durch ein Fenster hinein. Unter dem Fenster steht eine Kommode aus lackiertem Kiefernholz. Darauf liegt eine ausgebreitete Serviette, jemand muss sie dort drapiert haben. Auf der Serviette stehen zwei batteriebetriebene Teelichter, hier hat sich jemand Mühe gegeben. Die Frau ist eine Gastgeberin. Für die Körper und Bedürfnisse anderer. Für Schmerz, Männer, tote Embryos und Kinder. Der weibliche Körper ist ein Brunnen für ungebetene Gäste und Durstige. Ich gehe von Zimmer zu Zimmer, muss einem Patienten helfen, die braunen Stützstrümpfe anzuziehen. Er hat schwere, weiche Beine. Ich muss ihm die Strümpfe mit aller Kraft hochziehen. Es ist falsch, dass ich diesen Job habe. Der Anblick von menschlichen Beinen in braunen Stützstrümpfen ist wie der Gedanke, dass die Sonne ein brennender Ball aus Gas ist. Das Leben scheint so klein und jenseits jeglicher Kontrolle. Ich habe solche Strümpfe unter der Geburt getragen. Ich hatte keine Kontrolle. Ich gehe durch den Korridor, in dem sich Sitzgelegenheiten befinden, die niemand benutzt. Die Möbel hier sind aus der Mode. Sie stehen hier erst seit fünf Jahren, aber sie waren schon passé, als sie hergebracht wurden.

Am selben Abend gehe ich ins Fitnessstudio. Das ist schlau. Der Beweis schlechthin, ein gesunder und aktiver Mensch zu sein. Ich setze mich an ein Gerät in der allerletzten Reihe in der Spinninghalle, sehe zwanzig andere Körper strampeln und strampeln. Die meisten von ihnen sind Frauen. Es ist dunkel, die Musik übertönt das Schnaufen. Der Fitnesstrainer bittet uns zu lächeln. Ich tue es. Sehe meinen Puls auf einer Anzeige, kann ihn ganz einfach hoch- oder runterjustieren. Das ist ein Versuch, Kontrolle zu übernehmen. Das Eklige von mir fernzuhalten, ist nie enden wollende Care-Arbeit. Nicht sichtbar für andere, aber nur so lange, bis sie nicht mehr ausgeführt wird. Die Spinninghalle ist der Inbegriff der Care-Arbeit für solche wie mich. Solche, die klarkommen, die leisten und bezahlen, die langes Haar haben (aber kein dünnes), die sich herausputzen, ohne dass man ihnen ansieht, dass sie sich herausgeputzt haben. Solche, die keine Lust haben, aktiv in den Kampf zu ziehen, die im Herbst 2017 den Mund gehalten haben. Ich sehe andere an, weil ich mich selbst nicht ansehen kann. Ich bin ausradiert. Benutze die Schablone der anderen Frauen, die gut zurechtkommen. In der Umkleidekabine beobachte ich eine Frau beim Schminken. Alles ist schwarz. Saubere, glänzende Schuhe und dünne schwarze Strumpfhosen. Schwarzer Mantel ohne Staub und Fusseln. Blond. Ist sie vergewaltigt worden? Ja, glaub schon. Alles ist durchdacht. Es braucht viel Zeit, ich weiß.

Letzten Sommer habe ich im Pool meinen Kopf unter Wasser getaucht. Wir hatten ein Ferienhaus in Italien gemietet, nachts bin ich oft aufgewacht, getrieben von panischer Angst, die Kinder wären allein zum Baden rausgegangen. Um das ganze Haus herum waren glatte Marmorplatten verlegt, ich dachte, die würden mir den Rest geben. Würden aus dem Boden ploppen und uns erschlagen. Es war an der Zeit, dass Johannes sicherer im Wasser wurde. Ich wollte ihm beibringen, wie man die Luft anhält. Dort, unter Wasser, kamen die Erinnerungen zurück. In den wenigen Sekunden, in denen ich keine Luft bekam, war ich wieder in diesem ekligen Raum. Ich musste mich an Johannes' kleinem Körper festhalten, seine Wärme spüren, mich vergewissern, dass er echt war. Das Sommerhaus lag an einem Berghang, morgens beim Aufwachen konnte man das Meer aus dem Schlafzimmerfenster sehen. Dort hinten erstreckte sich sanft der Horizont. Bevor die anderen aufwachten, lag ich da und wunderte mich, warum diese Aussicht eine derartige Unruhe in mir auslöste. Ich bin nicht gemacht für solche Reisen. Bin nicht gemacht dafür, an glatten Poolrändern zu chillen. Ich brauche zu viel Zeit, um in der Sonne zur Ruhe zu kommen, in unbekannten Gewässern baden und in fremden Restaurants essen zu können. Erst auf der Heimreise konnte ich mich entspannen.

Die Kinder schlafen, als ich nach Hause komme. Es ist 22:00 Uhr. Terje putzt Zähne. Ich gehe zu ihm ins Bad, nicke ihm zu, putze auch Zähne. Eine Weile lebte ich mein Leben, ohne an den Vorfall zu denken. Fragte mich manchmal sogar, ob es wirklich passiert war. Ob es denn so schlimm war. Als ich Terje traf, dachte ich schon gar nicht mehr daran. Indem ich Terje nie davon erzählte, war es, als hätte ich diesen Vorfall aus meinem Gedächtnis gestrichen. Dann kam Johannes. Anfangs schrie er viel, und die Einzige, die ihn trösten konnte, war ich. Ich merkte, dass andere in meiner Umgebung ihn als ein anstrengendes Kind empfanden. Er war groß, fast schon grotesk. Wenn Leute in den Wagen hineinschauten, war ihre erste Reaktion ein Zögern, denn auch ich konnte sehen, dass er kein hübsches Baby war. Er war ein kleiner Mann. Ich dachte, niemand außer mir würde ihn genug lieben können. Es gab nur ihn und mich, niemand anderes konnte ihn so sehen, wie ich ihn sah. Ich vergötterte Johannes, wir tauchten ab in eine innige Liebe. Und da geschah es, dass die alte Erinnerung an den Vorfall mich heimsuchte. Das lag an der Körperlichkeit. Dass der Junge von mir aß, auf meiner Brust einschlief, jeden Abend, das ganze erste Jahr lang. Die Erinnerung schlich sich nach und nach wieder ein, nicht im Hirn, sondern in den Körper. Ich hatte Schmerzen in der Brust, es strahlte bis in die Arme aus. Ich konnte nicht mehr auf dem Rücken schlafen, bekam keine Luft. Konnte nicht mehr U-Bahn fahren, nicht mehr unter der Erde sein. Ich erstickte.

Ich ging zu einem Arzt und nahm das Baby mit. Er saß auf meinem Schoß und schrie während des gesamten Gesprächs. Ich konnte die Worte nicht laut aussprechen, während Johannes mit mir im selben Raum war, aber ich zählte alle Symptome auf. Der Doktor bat mich, wiederzukommen, mit einem Brief, in dem ich die Angelegenheit genauer erläuterte. Es vergingen mehrere Monate. Ich konnte den Gedanken an einen solchen Brief nicht ertragen. Johannes wuchs, er entwuchs meinem Körper. Ich dachte so oft daran, dass er ein kleiner Mann war und dass ich nur das Beste für ihn wollte. Die Erinnerung kehrte immer öfter zurück. Der Schmerz breitete sich von der Brust bis in den Bauch aus. Ich existierte auf eine ganz neue Art. Solange ich Johannes hatte, konnte ich alles vergessen. Die Erinnerung zeigte sich vor allem in den Zwischenräumen. Auf dem Weg zur Arbeit, wenn ich keine Musik auf den Ohren hatte. Oder abends, in den Minuten, nachdem ich das Buch auf den Nachttisch gelegt hatte. Da erstickte ich trotzdem. Ich verstrickte mich langsam, aber sicher in etwas, was ich selbst ertragen musste, worin ich jedoch nicht existieren konnte. Ich dachte an diejenigen, die anfangen, in ihren eigenen Körper zu schneiden, und ich konnte es nachvollziehen. Ein verlockender Gedanke, den Schmerz an andere Stellen des Körpers zu verschieben. Ich wusste, dass ich niemals ein Messer erheben und mich selbst verletzen würde, aber der Gedanke daran, einen Ausweg zu haben, tat gut. Jetzt dreh ich durch, dachte ich. Wie dumm von mir zu glauben, davonzukommen.

Ich schrieb den Brief. Ich saß in der Umkleidekabine des Fitnessstudios, wollte auf neutralem Boden sein. Ich tat mich schwer mit den Worten, wusste nicht, ob ich mich korrekt ausdrückte. Erst schrieb ich unfreiwilliger Sex, das tat nicht so sehr weh. Aber das stimmte nicht, denn das war kein Sex. Wenn Sex eine gemeinsame Handlung mit gegenseitigem Einverständnis ist, dann war das kein Sex. Also schrieb ich sexualisierte Gewalt, ich schrieb Missbrauch, ich schrieb sexuelles Trauma, aber nichts davon stimmte. Es war zu wenig Gewalt oder zu wenig Sex, tief in mir wusste ich, welches Wort ich hier nehmen sollte, aber ich brachte es nicht über mich, es aufzuschreiben. Konnte dieses Wort nicht ertragen, dieses verdammte Wort. Vergewaltigung. Ich schrieb Vergewaltigung. Das Wort war hart. Zu hart? In der Umkleidekabine war einiges los, die Leute kamen und gingen, die Frauen um mich herum zogen sich um, duschten, schminkten sich, föhnten sich die Haare. Es war gut, dass sie da waren, sie waren auch nackt. Ich zählte nach, wir waren zu acht im Raum. Eine von zehn Frauen in Norwegen wird Opfer einer Vergewaltigung. In diesem Fall war ich diejenige, die in dieser Umkleide die Statistik erfüllte. Nicht schlecht, dachte ich. Es ist wirklich nicht schlecht, hier zu sitzen, in diesem teuren Fitnessstudio in diesen teuren Trainingsklamotten, und vergewaltigt worden zu sein. Ich sollte es auf die Reihe kriegen, damit zu leben. Reiß dich zusammen, dachte ich. Aber ich schrieb den Brief fertig. Erklärte so rational wie möglich. Dass mir das passiert war und die Erinnerung nicht verschwand. Dass sie größer war als ein Tumor.

Sobald ich mit dem Brief fertig war, schnürte ich meine Trainingsschuhe und stieg auf eines der Laufbänder. Sie standen an der Fensterfront, man sollte während des Trainings die Aussicht genießen. Draußen war es dunkel. Ein Parkplatz, Industriegebäude, Autobahn, eine Tankstelle. Ich lief fünf Kilometer. Es war anstrengend, aber ich musste den Brief von mir ablaufen. Ein Fitnessstudio ist ein Ort, an dem Leute die Körper der anderen betrachten. Das tat ich auch, genoss es, schöne Körper anzuschauen. Auf dem Laufband dachte ich an Pamela Anderson. Ihr Körper war der erste, von dem mir bewusst wurde, wie begehrenswert er war. Und er war operiert, alles war wie angeklebt oder modelliert. Das gefiel mir, die Idee, sich selbst erschaffen zu können. Ich tue es immer noch, kann mich für das Schöne entscheiden, wenn ich will.

Der Brief und das Training machten mich müde. Kurz war ich versucht, mir einen Energydrink zu kaufen, aber das wären nur unnötige Kalorien. Ich trank literweise Wasser und fuhr nach Hause. Ging duschen und legte mich dann ins Bett, ohne mit Terje zu reden. Wenn ich ihn nicht sah, konnte ich ihm auch nichts verschweigen. Als ich Terje traf, hatte ich die Erinnerung längst wegrationalisiert. Solche Sachen passieren jeden Tag, dachte ich. War schon nicht so schlimm. Ob es nun mir oder jemand anderem passiert war, das war nicht von großer Bedeutung. Außerdem war ich imstande, das zu

verkraften, ich hatte ein gutes Leben und hatte nicht erwarten können, ungeschoren davonzukommen. Vielleicht war es besser so, dass
ich ein Teil dieser Statistik wurde. Es war besser so, ich konnte das
ertragen. Ich präsentierte meine Wahrheit, diesen einen Tag ließ ich
jedoch aus. Zu diesem Zeitpunkt dachte ich, Liebe bedeutet, eine andere Person so zu akzeptieren, wie sie ist. Und ich war nicht das, was
mir widerfahren war. Was ich nicht wusste, war, dass Liebe auch bedeutet, die zukünftige Version dieses Menschen zu akzeptieren. Und
hier waren wir nun, in der Zukunft. Ich lag im Bett, wartete darauf,
mich vollständig aufzulösen. Wartete darauf, dass er das Hässliche
aus mir heraussickern sah, war unfähig zu verstehen, wie er für diese
zukünftige Version von mir Platz haben sollte.

Es vergingen mehrere Wochen. Ich wusste, dass der Brief existierte,
mit meinem Namen darauf. Fragte mich, ob ich mir Dinge einbil-
dete. Aber dann sagte der Arzt, ich solle mit jemandem reden. Dass
die Person, die er mir empfahl, eine Spezialistin für solche Dinge
sei. Ich erschien zum vereinbarten Zeitpunkt an der vereinbarten
Adresse. Sagte bei der Arbeit, dass ich einen Zahnarzttermin hätte,
der einen großen Teil des Tages in Anspruch nehmen würde. Ich saß
im Wartezimmer, die Einrichtung war identisch mit der im Pflegeheim. Linoleumboden, lackierte Kiefer und Plastikstühle. Gerahmte
Lebensweisheiten an der Wand. Verhöhnend. Wenn Kranke erfahren
sollen, dass sie krank sind, sollten auch Vergewaltigte erfahren, dass
sie vergewaltigt worden sind. Und es wurde nur noch schlimmer. Ich
wurde in ein Zimmer gebeten.

Die Psychologin war eine ältere Dame, ich wollte sie unbedingt mö-
gen. Sie bat mich, auf einem kleinen Sofa Platz zu nehmen. In der
anderen Ecke des Zimmers lagen Spiele und Puppen. Ich begriff, dass
das ein Zimmer war, in dem sonst mit Kindern gesprochen wird.
Und das konnte ich nicht ertragen. Ich sah aus dem Fenster, wusste,
dass sie meinen Brief gelesen hatte. Die Bilder an den Wänden waren

von IKEA, ich erkannte das Motiv eines Nebelwalds wieder. Da stand ein Glastisch. Da lagen Zeichensachen. Alles in diesem Zimmer war niedrig, ich musste hier raus. Das Gespräch dauerte fünfundvierzig Minuten. Als ich aufstand, erklärte ich, dass dies unsere erste und einzige Sitzung sein würde. Tut mir leid, aber dieser Raum ist unerträglich, sagte ich.

Aber ich hatte etwas losgetreten. Jetzt gab es wieder andere Menschen, die davon wussten. Sie kamen einem Zeugen am nächsten. Der Vorfall war wie ein Komet. Er umkreiste mich in unregelmäßigen Flugbahnen. Die ersten Jahre war er weit, weit entfernt gewesen, nicht sichtbar. Aber nun zog er seine Bahnen näher um mich herum, er kam täglich, nein, nächtlich. Jedes Mal, wenn er an mir vorüberzog, hinterließ er ein neues Fragment. Ich hatte Angst, er würde mich irgendwann treffen, dass wir ineinander explodieren und zu einem großen Schwarzen Loch werden würden.

In dem Winter, in dem es geschah, erzählte ich einer Freundin aus dem Studium davon. Wir standen in einer Taxischlange am Hauptbahnhof, Menschen in Daunenjacken schleppten sich durch grauen Matsch. Irgendwas an dem Neonlicht des Einkaufszentrums, dem hässlichen Hotel und den Menschenmassen, der unheilvollen Kluft zwischen Bahnhof, Bushaltestellen und Einkaufsstraßen ließ mich die Kontrolle verlieren. Ich erzählte. Zählte ihr die Gründe auf, warum es unter uns bleiben musste. Aber klar, sagte sie. Wir hatten einige gemeinsame Freundinnen, die ebenfalls beschlossen hatten, derartige Vorfälle zu verdrängen. Das war das Beste, man musste einfach wieder auf die Beine kommen. Ich erzählte ihr nicht die ganze Geschichte, wollte die Stimmung nicht verderben. Trotzdem heulte ich im Taxi, so sehr, dass der Taxifahrer fragte, ob er besser anhalten solle. Ich bat ihn, das Fenster runterzulassen, es war eine Februarnacht und die kalten Luftstöße taten gut. Ich durfte bei meiner Kommilitonin übernachten, sie briet uns mitten in der Nacht Spiegeleier. Am Morgen danach war alles wie zuvor, sie erwähnte es nicht mehr, und ich war ihr dankbar.

Meine Nächte lügen nicht. Wenn ich tagsüber eine befreundete Person treffe, träume ich nachts von ihr. Begegne ich dem Schauspieler, taucht er in meinen Träumen auf. Wenn ich meine Schlafmittel nicht nehme, liege ich wach und sehe Terje tief schlafen. Ich hatte Angst, durch die Hand eines Mannes zu sterben, und jetzt liege ich hier neben einem anderen. Ich frage mich, ob Männer das wissen – dass Frauen Angst davor haben, übermannt zu werden. Als ich jünger war, habe ich mich mit meinen ersten Liebhabern zum Spaß gebalgt. Das tue ich jetzt nicht mehr. Ich habe nie gewonnen, aber ich wäre auch nie auf den Gedanken gekommen, ich könnte sterben, wenn ich mich aus dem Griff des anderen nicht befreien konnte. Das Spiel funktionierte so wie das mit meinen Brüdern. Ich wusste, dass sie losließen, sobald ich darum bat.

Ich habe eine ganze Liste mit Geschichten, die meiner ähneln. Ich weiß nicht, wie ich sie erzählen soll, sie sind eingeschlossen im flüchtigen Wesen der Gedanken. Sie bleiben abstrakte Formen, völlig ohne Richtung und Willen. Ich kann an sie denken, aber nicht über sie sprechen. Doch lass es mich probieren, von vorn. Es muss wohl mit dem Wort an sich begonnen haben, als ich die Bedeutung des Wortes gelernt habe. Obwohl ich noch ein Kind war, war es leicht zu verstehen. Vergewaltigung. Also einer Gewalt ausgesetzt sein. Ich wusste nicht genau, was das im Detail bedeutete, aber es war klar, dass es dabei an Konsens mangelte. Ich lernte etwas über den Krieg, ich lernte etwas über Gefängnis, Strafe und Unrecht. Für alles gab es Regeln, und ich glaubte, sie seien wahr, weil es Regeln waren. Ich wurde älter, sah Thelma & Louise, schaute zu, wie Louise Harlan erschoss. Ich war zu jung, um zu verstehen, aus welchem Grund Louise sich zu Harlans Henkerin machte. Aber ich war überzeugt, dass Louise gut war und Harlan böse, auch wenn ihre Handlungen dem widersprachen. Als ich sechzehn war, geschah etwas auf einer Party. Ich habe es nicht gesehen, aber in einem der Zimmer war etwas vorgefallen. Die Person schlief. Und es waren noch andere in dem Zimmer. Mir wurde nur davon erzählt, in dieser Version wurde nicht ganz klar, wer sich idiotisch verhalten hatte. Das Mädchen, das in einem unverschlossenen Raum schlief? Oder die drei anderen, die dazukamen? Die Geschichte wurde als Witz erzählt, wie ein lustiges Volksmärchen von dem Mädchen, das sich nicht wecken ließ. Ich sah sie danach im Schulflur, alles war wie immer. Was ich über Vergewaltigung gelernt hatte, ließ sich an diesem Beispiel nicht anwenden. Nein, ich musste mich irren. Es gab keine Strafe, kein Opfer, keine Täter. Das Ganze war nichts als eine Zufallsbegegnung, alle Beteiligten einigten sich darauf, es schleunigst zu vergessen. Aber es hinterließ einen Beigeschmack, denn diese Zufallsbegegnungen tauchten überall auf, und ich musste sie immer und immer wieder vergessen. Sie wurden bagatellisiert, jemand war stets zur falschen Zeit an einem falschen Ort.

Du glaubst vielleicht, ich sei ein kaputter Mensch. Dass ich hier einfach rumliege und eine Vergewaltigte bin. Aber das bin ich nicht. Ich bin alles andere. Das Leben bleibt für Vergewaltigte nicht stehen. Es ist Sonntagmorgen. Ich spiele mit Johannes auf dem Fußboden. Besser gesagt, ich liege auf dem Autoteppich und lasse ihn mit seinen kleinen Autos über mich rüberfahren. Er weiß nicht, dass auch ich ein Kind bin, aber in diesem Augenblick eine Erwachsene spiele. Während des Studiums bekam ich einen Praktikumsplatz in einem Krankenhaus. Eines Abends saß ich bei einem Patienten, er fragte, ob ich ihm eine Zigarette besorgen könnte. Ich war mir nicht sicher, ob er rauchen durfte, ob es überhaupt erlaubt war, auf dem Krankenhausgelände zu rauchen. Er war bereits seit mehreren Wochen stationär aufgenommen, die Luft in seinem Zimmer war muffig und übel riechend. Der Patient erzählte mir, dass er es nicht mehr ertrug, wie ein kranker Mensch behandelt zu werden. Dass niemand kapierte, dass er im Grunde genauso gesund war wie alle anderen. Dieser infantile Ton, den das Krankenhauspersonal anschlug, war das Schlimmste für ihn. Ich sagte, ich sei nur Studentin, ich sei nicht bevollmächtigt, ihm Zigaretten zu geben. Wenn du mit solchen wie mir arbeiten willst, musst du uns als Menschen betrachten, sagte er. Ich versprach es ihm, aber das war nicht immer leicht. Vor allem nicht in Krankenhäusern, wo die Patienten und Patientinnen wie Waren eingeliefert und rausverfrachtet wurden. In ihren Betten durch die Gegend geschoben wie Rollkoffer. So wie ich sie als Kranke sah, sieht Johannes mich als Erwachsene. Er darf das Kind nicht entdecken, es ist meine Aufgabe, es zu verbergen.

Später, noch am selben Tag, spielen die Kinder im Park. Sie stapfen durch das rote Herbstlaub, ich beobachte ihr Spiel von einer Bank aus. Auf einer anderen Bank sitzt eine Art Mönch, nur dass es eine Frau ist. Ich wusste nicht, dass es weibliche Mönche gibt, dachte, es gibt nur Nonnen. Aber diese Mönchin hat einen rasierten Kopf und eine taubenblaue Kutte mit Silberschnallen am Kragen. Eine Kordel ist um ihren Bauch gebunden, sie faltet die Hände und nickt, als sich unsere Blicke treffen. Sie lächelt so lange, bis kein Zweifel mehr besteht, wem ihr Lächeln gilt. Ich schäme mich, so wie man sich schämt, wenn man kulturelle oder religiöse Rituale nicht deuten kann. Wie wenn im Restaurant das Essen serviert wird und der Kellner dich daran erinnern muss, die Serviette auf dem Schoß auszubreiten. Solche Sachen. Nicht so wichtig, denken einige. Aber es ist lebenswichtig, nicht den Anschluss an die Menschheit zu verlieren. Erst denke ich, sie ist neutral, dass die Kutte und der rasierte Schädel eine Abgrenzung zur materiellen Welt darstellen. Wir sind beide Beobachtende, aber ihr Lächeln erwidere ich nicht. Sie trägt ihr Kostüm, ich meines. Ist sie vergewaltigt worden? Ich zähle nach, um uns herum befinden sich fünfzehn Frauen. Eine von zehn. Sie weiß nicht, dass auch ich mit dem Gedanken spiele, neutral und geschlechtslos zu sein, dass es aber nicht funktioniert. Wie damals, als ich in Erwägung zog, eine Brustverkleinerung vorzunehmen. Die Vorstellung von einer komplett flachen Brust war befreiend. Doch dann fiel mir ein, dass das Neutrale an einer flachen Brust etwas war, womit ich sozialisiert worden war. In mir gibt es noch immer diesen Drang, neutral sein zu wollen. Wie Frances, sie trägt nur weite schwarze Klamotten. Sie sagt, das verlagert den Blick von ihr auf ihre Kunst. Aber das stimmt nicht, es lässt sie einfach nur wie eine Künstlerin aussehen, und die Persönlichkeit einer Künstlerin ist immer genauso spannend wie ihr Werk. Das Gesicht von Marina Abramović anzustarren ist interessant, weil sie das Gesicht von Marina Abramović hat. Die Klamotten, die Frances trägt, sind oft aus Seide, gekauft in New York oder Kopenhagen. Ich kann nicht anders, muss den Stoff zwischen meinen Fingern spüren oder fragen, wo sie ihn gekauft hat. Ein Treffen mit Frances hat oft zur Folge, dass ich mich danach mehrere Tage lang wie sie kleide. Wenn Frances davon wüsste, wäre sie geschmeichelt, auch wenn sie behauptet, dass das genaue Gegenteil ihre Absicht ist. Einmal schenkte sie mir einen Lippenstift, es war der perfekte Farbton. Ich trug ihn jeden Tag auf, bis er leer war, dann kaufte ich einen neuen. Seitdem weiß ich, dass ich Frances vertrauen kann. Zu wissen, welcher der richtige Lippenstift für jemand anderen ist, zeugt von tiefer Menschenkenntnis. Das war das aufmerksamste Geschenk, das ich je bekommen hatte.

———————

Ich gehe unsere ruhige Straße hinauf. Habe leichte Kopfschmerzen. Sehe dunkle Straßen mit glitzerndem Asphalt und Atemwolken aus Mündern aufsteigen. Auf der linken Straßenseite liegt ein Sportplatz, eine Gruppe Jugendlicher steht an der Tribüne. Einige andere drehen ihre Laufrunden um den Platz, sie berühren dabei kaum den Boden. Wenn man ihnen zusieht, wirkt es so leicht, ich kann ihr rhythmisches Atmen bis hierher hören. Unangestrengt und technisch. Die rostrote Fläche ist Tag und Nacht beleuchtet, irgendwer joggt immer. Derartige architektonische Oasen sind entscheidend, wenn es darum geht, wie ich mich in der Stadt bewegen kann. Ich habe immer in viel befahrenen Straßen gelebt, durch die jede halbe Stunde der Nachtbus donnert. Sie sind meine Alliierten: Glühbirnen, Taxen, Jogger, der Zeitungsbote, der jeden Morgen um fünf seine Runde macht. Nachts arbeitende Lkw-Fahrer und Menschen, die bei offenem Fenster schlafen. Straßen sind sicher, solange sie nicht leer und dunkel sind. Als wir uns ein Haus kaufen wollten, weigerte ich mich, irgendwo hinzuziehen, wo es nicht in unmittelbarer Nähe eine Bushaltestelle oder eine Hauptstraße gab. Terje wollte am Wald wohnen, je weiter ab vom Schuss, umso billiger. Wir könnten Millionen sparen, sagte er. Du checkst gar nichts, sagte ich. Wir besichtigten ein kleines gelbes Haus, zu dem man von der U-Bahn aus ein kurzes Stück durch den Wald zurücklegen musste. Es kam nicht infrage. Hier hätte ich nicht langgehen können, nach der Spätschicht oder nach Sonnenuntergang. Nach der Besichtigung haben wir uns gestritten, für Terje war es *das* Traumhaus. Ich sagte, er könne gern allein dort einziehen. Er verstand nicht, was das Problem war.

Das Problem war der dunkle Waldweg zum Haus. Er war eine Falle. Das Problem waren die menschenleere U-Bahn-Station und der

Kiosk, der sonntags geschlossen war. Das Bürohaus mit dazugehörigem leerem Parkplatz. Eine Unterführung, die zu dem schmalen Waldweg hinführte. Hier wohne ich nicht, dachte ich. Terje sprach von den Skiloipen im Winter, er zeigte auf den Kindergarten im Wald. Das Haus war ein schmales Reihenhaus mit drei Stockwerken. Es war wunderbar, aber ich sagte ihm, dass es klein und einsam wirkte. Am darauffolgenden Tag war es vom Markt. Terje sagte nichts, aber er war sauer.

Das nervte mich. Dass er nicht imstande war, sich vorzustellen, wie es für mich ist, durch eine dunkle Unterführung zu gehen. Er konnte nicht begreifen, was in meinem Kopf vorginge, würde ich alleine durch einen Wald joggen. Dass ich das Gefühl des hin- und herwippenden Pferdeschwanzes nicht ausstehen konnte. Oder doch, ich mochte es schon, aber irgendwann habe ich gelernt, dass Haare etwas sind, woran andere ziehen können. Ich war gern allein im Wald, aber alles, was ich gerne tat, wurde verdorben von Dingen, die ich irgendwann mal gelernt, gehört oder erlebt hatte. Ich wurde unbewusst umsichtig, schlug unbewusste Umwege ein. Bestimmte Dinge kamen nicht infrage. Wie Nachtbaden in einem See oder im Dunkeln auf Krabbenjagd zu gehen. Erleuchtete Straßen und Taxifahrten vermittelten mir ein falsches Sicherheitsgefühl, sie übertünchten mein zwanghaftes Bewegungsmuster. Ich würde ein anderes Leben führen, wenn ich allein in der Stadt wäre. Ich dachte an Marlen Haushofers *Die Wand*. Der Gedanke, allein auf der Welt zu sein, war beruhigend.

Früher hielt ich mich für einen guten Menschen. Jetzt glaube ich, ich bin nicht besser, als ich sein muss. Dass ich, wenn es um Leben oder Tod ginge, entweder wie angewurzelt dastehen oder kämpfen würde. Bei jeder Bedrohung sinke ich tiefer in meine schlimmsten Abgründe. Deshalb muss ich den Bedrohungen immer einen Schritt voraus sein. Ich muss im Hellen wohnen, ich muss jedes zweite Jahr zur Krebsvorsorge und überprüfen, dass die Kinder noch atmen, bevor ich selbst ins Bett gehe. Um mich herum muss es sauber sein. Ich muss vorzeigbar aussehen. Durch das Küchenfenster schaue ich die Straße hinunter. Ein paar Reihenhäuser auf der einen Seite, Einfamilienhäuser auf der anderen. Ich denke an die Statistik, eine von zehn. Ich zähle die Häuser. Beginnend bei meinem eigenen, Nummer eins. Aber in diesem Haus leben zwei Frauen. Rosa lebt hier auch. Ich zögere, sie Teil dieser Rechenaufgabe werden zu lassen, aber dann zähle ich sie als Nummer zwei. Im Nachbarhaus wohnen eine Frau und zwei Mädchen. Drei, vier, fünf. Im nächsten Haus wohnt Nummer sechs. Sieben und acht wohnen da drüben. Neun wohnt dort. Und dann kommt das Haus mit der Nummer zehn und die nächste Nummer eins. Ich könnte weiterzählen, ich könnte durch die Straßen gehen und auf die Häuser zeigen, in denen statistisch gesehen vergewaltige Menschen leben. Ich wische die Arbeitsplatte ab. Würde ich die Statistik begreifen, liefe ich nicht schweigend durch die Straßen oder verbrächte meine Zeit mit Hausarbeit. Das ist eine Falle. Ich will keine weitere Minute damit verschwenden, ich will es ungeschehen machen. Doch indem ich es verstecke, lasse ich es geschehen, immer und immer wieder. Jedes Mal, wenn ich es wieder hervorhole, nähre ich die Erinnerung, verschmiere sie über das reine Leben, für das ich mich entschieden habe. Ich habe gedacht: Sollen doch andere diese

Aufgabe übernehmen, wer will, kann für mich mitkämpfen. Das ist nicht feige, das ist Überleben.

Nachdem ich aufgeräumt habe, mache ich mich auf den Weg ins Fitnessstudio. Ich gehe schnell, jogge das letzte Stück. Dort angekommen, bin ich schon warmgelaufen, gehe direkt runter in den Keller. Die Stärksten gehen dorthin. Ich habe lange gedacht, dass ich dort nichts zu suchen habe, dass ich mir das erst verdienen muss. Durch die Glastüren studierte ich die mächtigen Körper, fragte mich, was die wohl über mich denken würden. Da drin konnte ich unmöglich Liegestütze auf Knien machen, das war nicht gut genug. Nach Johannes' Geburt buchte ich einen Personal Trainer, der mich mit runter in den Raum der Starken nahm. Ich war zu müde, um zu widersprechen. Ich tat, was er sagte, machte Liegestütze auf Knien zwischen all den durchtrainierten Körpern, stemmte Vier-Kilo-Gewichte zwischen denen, die hundert Kilo stemmten. Stand auf allen vieren, o Gott, wie ist es möglich, das Gesicht zu wahren, wenn man auf allen vieren steht? Früher hatte ich Angst vor den überdimensionalen Muskeln im Keller, jetzt bin ich eine von ihnen. Niemand kann mir was. Der Trainer sagte, Gewichte zu heben sei der beste Weg, das Patriarchat zu stürzen. Er war ein zweiundzwanzigjähriger Schwede. Er sagte es einfach so dahin, völlig ohne Kontext. Auf der Betontreppe hinunter zum Kraftraum betete ich mir dieses Mantra selbst vor. Ich schmückte mich mit den Medaillen aus den Kriegen meines Körpers.

Draußen regnet es, es ist fast halb acht Uhr morgens. Im Kindergarten ziehen Eltern ihren Kindern die Regensachen aus. Ich grüße einen Vater, wir kennen uns aus einem anderen Leben. Vor über zehn Jahren hatten wir mal was miteinander. Unsere Strafe ist es, uns jeden Tag Hallo sagen zu müssen. Wir betrachten die Nachkommen des anderen, sofort stelle ich mir vor, wie unsere Gene sich wohl vermischt hätten. Ich empfinde mich selbst als die moralische Gewinnerin dieser Beziehung. Er zog sich zurück und reagierte irgendwann nicht mehr auf Nachrichten. Ich war verletzt. Nach vier Wochen Funkstille schickte ich eine SMS. Danke für alles, wirklich. Ich hoffe, du traust dich, mit der nächsten Person, die du triffst, Schluss zu machen. Viel Glück! Ich habe nie wieder von ihm gehört, bis das Schicksal unsere Kinder in denselben Kindergarten schickte. Als Konsequenz unseres unsittlichen Verhaltens sind wir dazu verdammt, uns bei Lucia-Feiern, Elternversammlungen, Arbeitseinsätzen und Sommerfesten höflich zuzunicken.

Ich habe ihn in der Kartothek archiviert, die ich über all meine verflossenen Männer und Frauen angelegt habe. Einige sind wie Edelsteine, sogar diejenigen, die mich verletzt haben, oder umgekehrt. Nun ist er eine sehr geschätzte Erinnerung, denn es existierte etwas Gutes in seiner Angst, mich abzuweisen. Das muss bedeuten, dass er mich als menschliches Wesen wahrgenommen hat. Seine Angst davor, mich zu verletzen, verlieh mir einen gewissen Wert. Damals habe ich es nicht so gesehen, jetzt schon. Ich hole diese Edelsteine oft hervor, um mich daran zu erinnern, dass es auch gute Momente gab, unschuldige Momente. Aus den meisten Begegnungen sind alle Beteiligten unbeschadet herausgekommen, es war leicht. Sogar ein

One-Night-Stand auf meiner Interrail-Reise barg eine Form von Vertrautheit.

Es gleicht einer kleinen Operation, Rosa und Johannes zu verabschieden und dabei zu vermeiden, den Raum gemeinsam mit meiner alten Flamme zu verlassen. Dann müssten wir beide im Korridor stehen und uns gleichzeitig die blauen Schuhschützer abziehen. Ich nehme die Kinder in den Arm und husche dann sofort hinaus in den Korridor. Aber genau an diesem Morgen läuft Rosa mir nach, um sich noch eine Umarmung abzuholen. Das durchkreuzt meinen Plan, der alten Flamme nicht zu begegnen. Ich umarme Rosa und gehe zur Tür. Er steuert auf dieselbe Tür zu, ich sehe, wie er zögert. Es wird unvermeidlich sein, den Raum zusammen zu verlassen.

Unglücklicherweise müssen wir auch noch in dieselbe Richtung, ich habe es zu eilig, um einen Umweg zu machen. Nach peinlichem Gefummel am Schließmechanismus des Gartentors gehen wir zusammen die Straße hinunter. Mein Blick flackert, ich überlege, mich in ein Taxi zu setzen. Zermartere mir das Hirn, um ein Gesprächsthema zu finden, aber er kommt mir zuvor. Der denkbar schlechteste Weg, um eine solche Art von Gespräch zu beginnen. Lang ist's her, sagt er. Ich erwidere, dass wir uns eigentlich recht häufig sehen, vielleicht etwas zu häufig. Wir sind uns einig, dass es großes Pech ist, Kinder im selben Kindergarten zu haben, und wenn es das Schicksal wirklich übel mit uns meint, kommen sie auch noch auf die gleiche Schule. Dass wir im schlimmsten Fall zehn Jahre Elternversammlung und Weihnachtsfeste vor uns haben. Ich sage, dass ich trotzdem froh bin, wie alles gekommen ist, dass es besser war. Mit dem Nachgeschmack, sich so begegnen zu müssen, kann man leben. Er stimmt zu. An der Haltestelle vereinbaren wir, nicht nebeneinander im Bus zu sitzen, wir können diesen seltenen Moment der Ruhe nicht damit verschwenden, miteinander Small Talk zu machen.

Ich sitze zwei erwachsenen Frauen gegenüber, sie scheinen Mutter und Tochter zu sein. Sie tragen die gleiche Allzweckjacke und die gleichen Turnschuhe. Dumpfe Naturfarben. Zwischen ihnen sind keine Bekenntnisse der Zuneigung zu erkennen, aber der Wunsch, sich gleich zu kleiden, ist in diesem Alter ein ungewöhnlich starker Ausdruck der Liebe zwischen Mutter und Tochter. Ich finde weitere Gemeinsamkeiten wie die gleiche Frisur und die praktischen Ruck-säcke. Sie haben einander gewählt und zeigen allen, dass sie eine Einheit sind. Ich frage mich, wer von beiden den Stil vorgibt. Ich ver-mute, dass sie in den Bergen wandern und im Winter baden gehen. Ihre Nähe ist nicht nur biologisch, sie wollen zusammengehören. Als sie aussteigen, sehe ich, wie sie in der Menschenmenge aufeinander aufpassen. Sie überqueren eine Ampelkreuzung, ihre Lippen bewe-gen sich. Ich frage mich, ob Rosa mir irgendwann ähnlich sein will. Dann hätte ich ein Problem.

Ich betrete das Zimmer der neuen Patientin. Sie sitzt im Sessel am Fenster. An der Wand hinter ihr hängen Familienfotos. Der Schau-spieler ist auf mehreren von ihnen abgebildet. Ich will sein Gesicht nicht sehen. Weißt du, wer er ist?, fragt sie. Ja, antworte ich. Sie wirkt stolz, und ich lasse sie stolz sein.

Ich lächle, habe mich entschlossen, keine große Sache daraus zu machen. Er kommt heute vorbei, sagt sie. Wann denn?, frage ich und gehe ins Bad. Werfe benutzte Handtücher in eine Tüte, hänge die frischen auf. Er kann jederzeit kommen, antwortet sie. Ich wechsle den Beutel im Mülleimer aus und nehme die schmutzige Wäsche mit. Sage Bescheid, dass ich gleich wiederkomme. Gehe hinaus in den Flur, werfe den Müll weg und gebe die Textilien in die Wäscherei. Beim nächsten Patienten mache ich genau dasselbe, bei der nächs-ten Patientin auch und bei der letzten bleibe ich ein bisschen länger. Sie bittet mich, ihre Haare zu waschen. Sie bekommt heute Besuch und will sich nicht so zeigen, wie sie jetzt aussieht. Zusammen stehen wir im Badezimmer, sie beugt sich über ihren Rollator, während ich ihr das Haar shampooniere und ausspüle. Danach föhne ich es, sie cremt sich selbst das Gesicht ein. Sie besitzt gute Produkte von La Mer und Sensai. Sie fragt, ob ich sie schminken kann; ich tue es und hoffe, dass niemand anderes mich gerade braucht. Wir sind schon seit über zwanzig Minuten im Bad, so viel Zeit habe ich eigentlich gar nicht. Ich trage eine dünne Schicht Concealer auf, dann Rouge und Eyeliner. Gehe vorsichtig mit der Wimpernzange ans Werk, muss mehrfach ansetzen, bevor es mir gelingt. Ziehe ein paarmal Mascara nach, bis ihre Wimpern dicht genug sind. Ich erkundige mich, ob ich auch etwas mit ihren Augenbrauen machen soll, und sie bejaht. Ich bürste sie mit einem winzigen Kamm, fülle die dünnen Stellen mit dem Eyeliner aus. Zum Schluss tupfe ich ihr mit dem Ringfinger rosa Lippenstift auf die Lippen. In ihrem Schrank steht ein Nagellack, knallrot. Ich knie auf dem Boden, während ich ihre Nägel lackiere. Sie hält ihre Hände still im Schoß, niemand sagt etwas. Das ist ein entscheidender Augenblick. Der Tod kommt oft mit einer Blässe. Die Haut der Leute wird leer und matt. Gewisse Kleidungsstücke werden nicht mehr getragen. Socken werden nicht mehr angezogen, denn die Füße kommen gar nicht erst aus dem Bett. Irgendwann bleiben auch die Hosen weg, um das Becken zu schonen. Die Patientin trägt den ganzen Tag lang dasselbe, alles gleicht sich mehr und mehr an. Das Nachttischlämpchen wird an- und ausgeschaltet, das ist das Einzige. Augenblicke wie diese verschwinden. Ich weiß nicht, ob die Patientin das weiß, aber sie ahnt es vielleicht. Sobald sie fertig ist, gehen wir zusammen in den Gemeinschaftsraum. Sie lässt sich am Fenster nieder und hält Ausschau nach ihrem Besuch. Da kommt er schon, der Filmstar. Er kommt auf das Gebäude zu, die Hände in den Hosentaschen. Ich drehe mich weg, zu einem beliebigen Patientenzimmer. Der Patient hat auch Besuch, zwei erwachsene Enkel sitzen auf seinem Bett. Ich erkundige mich, ob sie irgendetwas brauchen, sie bitten um Kaffee. Ich nicke, komme aber nie bei der Küche an, um Kaffee zu machen. Der Filmstar steht draußen im Korridor, er grüßt. Ich gehe an ihm vorbei, den Korridor hinunter, schließe mich im

Medikamentenlager ein. Stehe lange einfach nur da und starre all die Schachteln mit Schmerz- und Beruhigungsmitteln an. Es reicht mir schon, ihren Duft einzuatmen, zu wissen, dass sie da sind, falls ich sie brauche.

Nach der Arbeit schlendere ich durch Steen & Strøm. Das Luxuskaufhaus ist weihnachtlich dekoriert, ich studiere die Schaufenster, bevor ich eintrete. Menschen begegnen sich auf den Rolltreppen, sie haben schöne Gesichter. Es ist warm, die Leute sind gestresst, aber mich beruhigt es, mich zwischen den Designerstücken zu bewegen. Ich sehe Frauen mit geföhnten Haaren und weißen Mänteln. Sie tragen makellos saubere Ballerinas, obwohl draußen Herbst ist. Einigen kann man das Botox ansehen, sie tragen die eigene Vergänglichkeit im Gesicht. Sie haben meinen vollen Respekt. Es zeugt von enormer Stärke, allen erhobenen Hauptes zu zeigen, dass man sich an das letzte bisschen Leben klammert. Ich fühle mich sicher im Kaufhaus, alle sind höflich und unterliegen strenger Disziplin. Die Frau hinterm Tresen in der Parfumabteilung starrt ins Leere, ich höre Stimmen von allen Seiten, die fragen, ob sie helfen könnten. Entschuldigung, kann ich Ihnen behilflich sein? Brauchen Sie Hilfe? Kann ich Ihnen helfen? Womit kann ich Ihnen heute behilflich sein? KANN MIR IRGENDJEMAND HELFEN, denke ich. Teste ein Parfum am Handgelenk. Nehme die Rolltreppe in die nächste Etage. Stehe lange vor einem blauen Seidenkleid, hülle mich in den Gedanken, dass etwas so rein sein kann. Ich reibe den Stoff zwischen meinen Fingern, er ist matt und trocken. Kann ich Ihnen helfen?, fragt eine Angestellte, auf ihrem Namensschildchen steht Samantha. Ich würde das hier gern anprobieren, sage ich. Früher dachte ich, ich sei nicht fein genug, ein solches Kaufhaus zu betreten. Ich hätte es nie gewagt, etwas so Wertvolles an meinem Körper zu tragen. Auf dem Preisschild steht 5.999,-. Samantha trägt das Kleid in die Umkleidekabine. Ich trete ein, Samantha zieht den samtenen Vorhang hinter mir zu. Ich ziehe mich obenrum aus, habe unter dem Wollmantel geschwitzt. Der Stoff ist kühl, ich ziehe das Kleid vorsichtig über den Kopf, um es nicht mit meinem Make-up einzusauen. Drehe die Arme auf den Rücken, um den Reißverschluss hochzuziehen, binde den Stoffgürtel um meine Taille. Bleibe eine Weile so in der Umkleide stehen, das Material schmiegt sich angenehm an meine Haut. Ich ruhe in dem

Kleidungsstück. Samantha ruft von draußen herein. Passt es? Es ist perfekt, sage ich. Der Rock besteht aus einer Menge Stoff, allein am Gewicht kann man erkennen, wie teuer das Kleid ist. In der Verarbeitung steckt viel Sorgfalt, jemand hat sich Gedanken gemacht, wie der Körper geformt ist, und hat das Kleidungsstück entsprechend angefertigt. Ich muss diese Sorgfalt nicht kaufen, es reicht schon, einfach nur eine Weile hier zu stehen. Ich streife das Kleid ab, hänge es wieder auf seinen Bügel. Ziehe den klammen Pullover und den Mantel über. Könnten Sie es mir zurücklegen?, frage ich. Natürlich, sagt Samantha und weist mir den Weg zur Kasse. Sie können es auf Liv reservieren, sage ich. Sie schließt einen Schrank auf, hängt es weg. Es tut gut zu wissen, dass das Seidenkleid jetzt meinen Namen an sich trägt. Bevor ich das Kaufhaus verlasse, raffe ich noch ein paar Weihnachtsgeschenke an mich, teure Wollsocken und Handcreme.

Die neue Patientin erzählt mir von ihrem Leben. Dass sie eine Tochter hat, die verheiratet ist und in Miami lebt. Sie ist zur Hochzeit dorthin geflogen, hat auf der anderen Seite des Atlantiks gebadet. Nach der Hochzeit hat sie jedes Mal, wenn sie im Sommer baden war, an ihre Tochter gedacht. Dass sie immerhin im selben Meer baden konnten. Einen Sohn hat sie auch, sie erzählt, dass er viel unterwegs ist. Ihre ganze Lebensgeschichte dreht sich darum, was ihre Kinder tun, aber sie scheinen so weit weg zu sein. Sie spricht von Urlaubsreisen in den Neunzigern, dass sie in Indien waren, bevor es üblich wurde, mehrmals im Jahr lange Reisen zu unternehmen. Sie existiert in ihrer Vergangenheit, und das öffnet mir die Augen, dass auch mein Leben sich bald hauptsächlich um die Vergangenheit drehen wird. Es ist naiv zu glauben, dass ich in Zukunft von der Zukunft träumen werde. Die Geschichte stimmt in meinem Kopf eine Art Kanon an, in dem sich alles auflöst und die Kinder auf einen anderen Kontinent ziehen. Die Patientin trägt französische Maniküre, die bald abgeblättert sein wird. Wenn sie über ihr Leben spricht, meint sie die Zeit vor dem Unfall und was nach der Rehabilitation kommen wird. Ich spüre diesen Widerwillen, zu akzeptieren, was jetzt und hier ist. Einen Vorfall zu akzeptieren, macht ihn realer. In dem Winter, in dem es passierte, hatte ich Angst, ein Komet würde in die Erde einschlagen, während ich unter der klammen Bettdecke lag. Ich dachte an die Küchenspüle, in der sich der Abwasch stapelte, daran, dass mein Haar fettig und ich hässlich war. Am schlimmsten war die Vorstellung, zu einer Mumie zu werden. Dass der Komet in Flammen aufgeht und Asche über die gesamte Welt verteilt. Dann müsste ich bis ans Ende der Zeit dort liegen bleiben. Dieser Gedanke war unerträglich.

Ich trage das Seidenkleid von Steen & Strøm. Die Teenagertöchter der Nachbarn werden babysitten. Sie sitzen auf dem Fußboden und spielen mit den Kindern. Beide sind höflich und wirken unkompliziert. Wenn ich es nicht besser wüsste, hätte ich nie gedacht, dass sie geheime Leben in ihren Handys und in ihrem Inneren führen. Terje und ich fahren im Taxi durch die Stadt zu einer Eventlocation. Eine Firmenparty oder ein Kick-off, ich weiß es nicht genau. Das Kleid fühlt sich nicht mehr so gut an, als wir die Location betreten. Männer in schwarzen Anzügen und Frauen in bunten Kleidern. Frau Mann Frau Mann. Alles ist hetero. Man merkt sofort, welche der Anwesenden am meisten Macht haben, es sind diejenigen, die am entspanntesten wirken. Alle wissen es, entweder im Unterbewusstsein oder weil sie einen eigenen Sinn für Macht entwickelt haben. Dieser Sinn kann alle Räume innerhalb weniger Sekunden katalogisieren. In diesem Raum habe ich keinerlei Macht. Ich habe einzig und allein die Rolle der normschönen Ehefrau eines Mannes aus dem mittleren Management zu erfüllen. Die Willkommensdrinks sind bereits aus, eine Bedienung schenkt mir einen bedauernden Blick, während sie die Flaschen wegräumt. Ich gehe an die Bar und bestelle zwei Gläser Wein, Terje geht hinaus auf einen kleinen Balkon und raucht eine Partyzigarette. Er glaubt, dass ich das hasse, aber ich liebe die Art, wie er die Zigarette hält, ganz vorsichtig zwischen den Fingerspitzen. Er lehnt sich in die Zigarette hinein, kichert leicht. Das eine Glas Wein habe ich schnell ausgetrunken, das andere nehme ich mit hoch auf die Damentoilette. Dort begegne ich ein paar Leuten, die ich schon von früheren Firmenpartys und anderen Heterozeremonien kenne. Eine Frau mit festlichem Kleid und vom Regen durchweichten Schuhen nervt mich, ihrem Outfit fehlt es an Empathie. Es erinnert mich an die letzte Beerdigung, die ich besucht habe, die Beerdigung eines Patienten, für die ich mitten am Tag freibekommen hatte. Es war Mai, eine verwelkte Magnolie hing über dem Kirchentor. Ich setzte mich in die zweite Reihe von hinten. Viele Leute waren nicht anwesend und es schmerzte mich, wie wenig feierlich diese Veranstaltung war. Ein Familienmitglied des Patienten trug einen dunkelblauen Mantel und braune Schuhe. Andere waren in pastellfarbene Poloshirts und Freizeitjacken gekleidet. Das machte mich wütend. Was war nur mit den Leuten los? Das Gefolge marschierte dem Sarg hinterher bis zu dem langen schwarzen Auto. Ich heulte hinter meiner Sonnenbrille, der Tod wirkte so klein. Als wäre nichts und niemand heilig. Dass diese Leute es nicht mal auf die Reihe kriegten, sich für einen Tag zusammenzureißen und sich in Schwarz zu kleiden. Ich gehe oft auf die Beerdigungen meiner Patienten. Für diese Anlässe habe ich ein eigenes Outfit: schwarzer Mantel mit Taschen für Taschentuch und Sonnenbrille, ein Winterkleid, ein Sommerkleid und je ein Paar Schuhe. Diese Kleidungsstücke haben ihren eigenen Platz im Kleiderschrank, sie werden für nichts anderes hervorgeholt als Beerdigungen.

Ich schließe die Toilettenkabine auf, gehe hinunter zum Raucherbalkon. Da steht Terje, jetzt mit einem Zigarillo in der Hand. Ich erzähle ihm, dass ich gerade zwei Gläser Wein hinuntergestürzt habe und jetzt den kurzen Rausch genieße. Er legt mir seine Jacke über die Schultern und gibt mir den Zigarillo. Von hier aus hat man Aussicht über den Fjord, man sieht den Containerhafen und die neue Architektur. Wir stehen dicht beieinander, sind fast gleich groß. Terje ist ein femininer Mann, es ist irgendwas an seinen Händen und den Zügen um seinen Mund. Es liegt auch an der Sprache, Terje benutzt Frauensprache. Er sagt Sachen wie *Ich glaube* und *Ich habe das Gefühl, dass*. Wenn man ihn zum ersten Mal trifft, kommt er einem wie etwas Neues, Seltenes vor. Mir fällt es schon gar nicht mehr auf, ich kann es nicht ganz greifen, inwiefern er neu wirkt. Jetzt ist er alt für mich, ich habe gesehen, wie er sich übergeben hat. Habe ihn mürrisch und hässlich erlebt. Habe das Kind in ihm gesehen, das kleine Kind, das sich nicht zusammenreißen oder erwachsen verhalten kann. So habe ich Familie und Freundinnen und Freunde aus meiner Kindheit erlebt, kleinlich und lächerlich, und doch liebe ich sie. Hier draußen auf dem Balkon kommt er mir trotzdem ein bisschen neu vor. Nur für einen kurzen Augenblick, der Rest des Abends ist entsetzlich. Jemand hält während des Essens eine lange Rede mit PowerPoint-Präsentation. Während des Desserts stimmen alle in Gesang ein. Ich schicke eine hoffnungsvolle SMS an Terje, frage, ob wir uns davonstehlen wollen, in eine Bar gehen, nur wir zwei. Ich sehe, wie er sie liest, dann lächelt er mir vage zu. Lehnt sich zu mir rüber und flüstert, dass er leider noch bleiben muss.

Ich nehme ein Taxi nach Hause, schließe das stille Haus auf. Die Teenager sitzen an den gegenüberliegenden Enden des Sofas, beide in ihre Handys vertieft. Sie richten sich auf, als ich durch die Tür komme, lächeln und berichten, dass die Kinder die ganze Zeit geschlafen haben. Ich überreiche ihnen einen Umschlag mit Scheinen und frage, ob ich ihnen aus dem Fenster nachsehen soll, bis sie sicher zu Hause sind. Nein, nein, sagen sie und schlüpfen in ihre Daunenjacken und Turnschuhe.

Und trotzdem stehe ich am Küchenfenster und sehe, wie sie die Straße überqueren. Die Ältere geht voran, die Jüngere hinterher, die Hände in den Hosentaschen. Beide haben dünne Beine und große Schuhe, aber ich weiß, dass sie sich selbst zu dick finden. Dass irgendeine Stelle an ihrem Körper nicht gut genug ist. Ich tröste mich mit dem Gedanken, dass es langsam vorwärtsgeht. Meine Großmutter hat ihren Töchtern gesagt, sie wären zu dick. Unsere Mütter sagten das nicht, sie hatten nur Angst, wir würden dick werden. Und ich betrauere alles, Großmutters Worte, Mamas Angst und das Erbe der Töchter. Die Mädchen bleiben unter einer Straßenlaterne stehen und stecken die Köpfe zusammen. Sie öffnen den Umschlag, nehmen die

Scheine heraus, verteilen sie untereinander. Dann verschwinden sie in der Auffahrt ihres Zuhauses, dort ist es auch hell. Ich gönne ihnen das Gefährliche. Alleine dorthin gehen zu können, wo niemand sie sieht. Dort zu sein, wo sie nicht sein sollten. Eine Weile bleibe ich noch am Fenster stehen und schaue auf die Straße, Schnee liegt in der Luft. Ich habe die Hoffnung, dass die Mädchen wieder aus dem Haus geschlichen kommen, nachdem sie ihren Eltern Gute Nacht gesagt haben. Wie Mädchen mit einem Bündel Geldscheinen es tun. Aber da kommt niemand, das Licht vor dem Haus erlischt. Ich gehe ins Wohnzimmer, sehe mich um. Finde, hier ist es schön geworden. Ich bin gut darin, zu renovieren und schön einzurichten. Schade nur, dass ich diejenige bin, die hier wohnt, es wäre besser für jemanden, der es genießen kann.

Es gibt Räume, in die ich immer wieder zurückkehre. Allen voran das Kinderzimmer. Egal, in welchem Bett ich schlief, das Kinderzimmer war mein Zimmer. In Gedanken war ich oft da, lange nach meiner Kindheit. Eine rote Kommode, mit Aufklebern beklebt, in meiner Erinnerung ziehe ich die Schublade auf und finde darin Barbie-Puppen mit verfilztem Haar. Obendrauf stehen eine Nachttischlampe aus Plastik und ein Schmuckkästchen. Nach dem Vorfall gab es zwei Räume, in die ich regelmäßig zurückkehrte. In dieser neuen Erinnerung war alles dunkel, ein Eins-zwanzig-Bett stand in einer Ecke. Ich konnte die Straßenlaternen und die Lichter der Autos sehen, die im Fensterrahmen flimmerten. Sie waren so nah, aber ich konnte sie nicht greifen. Die Fensterhaken waren aus Messing. An der Wand stand ein schwerer Kleiderschrank. Mein Blick huschte von Fenster zu Tür, Fenster zu Tür. Das waren die einzigen Auswege. Als ich endlich aufstehen und den Raum verlassen konnte, verstand ich nicht, dass ich ihn niemals ganz verlassen würde. Das Mädchenzimmer wurde durch diese Zelle ersetzt. Sie tauchte in meinen Gedanken auf, wenn ich am wenigsten damit rechnete, in einem vollen Kinosaal, oder wenn ich mir ein Kleidungsstück anzog, das zu eng um meinen Hals strammte. Dann war ich wieder dort, mein Blick huschte von Fenster zu Tür, Fenster zu Tür. Nach den Geburten kamen zwei neue Räume hinzu, der Raum, in dem Johannes auf die Welt kam, und der Raum, in dem Rosa auf die Welt kam. Plötzlich fand ich mich öfter in einem dieser Räume wieder, das war gut. Die guten Räume waren in der Überzahl. Es verging kein Tag, an dem ich diese Räume nicht besuchte. Gemeinsam ist allen vier Räumen, dass ich sie nicht verlassen kann, weder damals noch heute.

Ich wurde von einem Werwolf gebissen. Es ist irreversibel, der Biss geht nicht weg, egal was ich tue. Ich habe alles versucht, ich habe die Wunde gesäubert, ich habe sie ignoriert, ich habe sie verheilen lassen, ich habe sie wieder aufgekratzt. Ist es nicht so, dass im Werwolf ein Mensch steckt? Der Werwolf-Parasit beherrscht die Nächte, er setzt sich über jeden Willen und jede Vernunft hinweg. Wenn die Sonne aufgeht, liegen die Überreste eines reuigen Sünders im Bett. Nur muss der Sünder sich selbst noch so ertragen können – das war nicht ich. Jetzt bin auch ich infiziert, der Parasit lauert irgendwo in meinem Nervensystem. Wenn er etwas Vertrautes erahnt, bricht er aus. Er kann mich im Dunkeln überrumpeln. Wie auf der Hütte im Spätsommer. Ich schlafe in der Dämmerung ein und wache in einem schwarzen Raum auf. Für ein paar Sekunden weiß ich nicht, wo ich bin, ich erinnere mich nicht, wessen Körper neben mir liegt. In diesen Sekunden erwacht der Parasit. Er rast durch mein Rückgrat, ich befreie mich. Dann rieche ich den Duft der Erde durch das Fenster, den Duft der ausgewaschenen Bettwäsche um meinen Körper. Es ist Mitte August, wir sind in der Hütte. Am nächsten Morgen habe ich diese Sekunden vergessen. Genau wie der Werwolf sind meine Erinnerungen an die Nacht verschwunden, sobald die Sonne aufgeht. Aber später am selben Tag taucht er wieder auf. Ich liege auf einer Decke auf dem Felsen. Es soll der letzte sommerliche Sonntag in diesem Jahr sein. Zu kalt zum Baden, aber ich bade trotzdem. Rosa spielt mit einem Plastikkorb voller Nektarinen, ihr Nacken ist braun von einem Sommer, den sie mit gesenktem Kopf über ihrem Spiel verbracht hat. Ich kratze mich am Oberschenkel, spüre, wie etwas über meine Hand kriecht. Ich springe auf, sehe einen großen schwarzen Käfer auf die Decke fallen. Der Parasit erwacht. In genau solchen Augenblicken kommt er zum Vorschein. Wieder werde ich überfallen. Meine Reaktion erscheint übertrieben. Die anderen lachen mich aus, als ich hysterisch die Decke ausschüttle. Die Kinder lachen über Mama, die Angst vor Insekten hat. Es wirkt wie eine Phobie, vielleicht ist es das auch. Doch vor allem ist es eine erneute

Begegnung mit dem Biss, wieder unfreiwillig. Hinterher bin ich ganz durchgefroren, ich zittere unter der Decke. Ich muss an Johannes' Geburt denken, seine Hände waren die ersten Stunden blau. Die Hebamme erklärte mir, dass sein Körper zunächst alle lebenswichtigen Organe mit Blut versorgen musste. Der Körper ist schlau, er tut, was er tun muss, um zu überleben. Aber er lässt einen auch im Stich, denn ein schwarzer Käfer ist nicht gefährlich. Es ist der Parasit, er spukt wieder herum, die Erinnerung an den Zwang wacht immer im Hintergrund.

———————

An den meisten Tagen verspüre ich keinen Zwang. So wie jetzt, ich fahre mit dem Rad durch den Park, über das nasse Laub. In diesem Moment gibt es keine Vergangenheit, auch keine Zukunft. Hier bin nur ich und meine Hände auf dem Fahrradlenker. Wenn der Parasit etwas Gutes an sich hat, dann ist es das. Die Freiheit des Augenblicks. Ich muss nie wieder in den Raum zurückkehren, in dem es geschehen ist. Ich muss dem Werwolf nie wieder begegnen. Ich kann kehrtmachen und in die entgegengesetzte Richtung gehen. Ich kann die Augen schließen, wenn ich ihn sehe. Es ist vorbei. In diesem Augenblick bin ich frei. Ich muss einmal Unfreiheit gespürt haben, sonst wüsste ich das nicht. Es ist, als würde ich von einer Schäre zur nächsten schwimmen. Wenn ich nicht untergehe, komme ich immer bis zur nächsten. Es gibt so viele Schären, zu denen man schwimmen will. Und jetzt bin ich auf einer Schäre, die Laternen weisen mir den Weg durch den dunklen Park. Das Fahrrad ist nicht nur ein Hilfsmittel, es ist ein Alliierter. Ich bin auf dem Weg zu Frances' Atelier, ich habe ihr versprochen, ihr bei einem Mantel zu helfen.

Frances schneidert seit Neuestem Mäntel für die Königlich Dänische Kunstakademie. Der erste war wie ein Flickenteppich, aber feiner. Er hatte eine lange Schleppe und stoffbezogene Knöpfe am Hals. Jeder Flicken des Mantels war mit einem einzigartigen Motiv bestickt. Horizonte mit Stränden und Gebirgen, mit roten Sonnen oder gelben Monden. Äpfel aus Samt, deren Stiele mit goldenen Perlen besetzt waren. Naive Formen aus der Natur, aber anmutig von Hand genäht. Der Mantel bekam einen Platz in einer Gruppenausstellung in Kopenhagen, und seitdem geht Frances voll und ganz in der Arbeit mit Mänteln auf. Ich schließe mein Rad vor dem alten Industriegebäude an. Habe keine Ahnung, was gleich passieren wird, weiß nur, dass ich regelmäßig vorbeikommen darf. Es schmeichelt mir, dass Frances ihre Arbeitszeit mit mir verbringen will. Bin da, schreibe ich ihr. Draußen ist es rau und kalt, ich hätte Handschuhe anziehen sollen. Frances kommt aus der Tür, wir umarmen uns. Meine kalte Wange an ihrer warmen. Frances ist dünn und knochig. Ich will heute Maß an dir nehmen, sagt sie. Wir betreten einen kleinen Fahrstuhl, er juckelt nach oben. Frances fragt, ob ich Klaustrophobie habe. Nur in engen Räumen, sage ich. Sie erzählt mir, dass sie mal in einem Fahrstuhl eingesperrt war. Sie hatte eine Ecstasy-Pille in ihrer Tasche und kam zu dem Entschluss, sie erst einzuwerfen, wenn sie den Fahrstuhl verlassen hatte. Nach einer halben Stunde war der Fahrstuhlbetreiber immer noch nicht aufgetaucht. Das Wissen um die Pille in ihrer Tasche tat gut, sie war ihr Schutzengel. Sie langweilte sich, spürte, wie die Unruhe in ihr anschwoll. Jedes Mal, wenn sie sich rührte, wackelte der Fahrstuhl leicht, das stresste sie enorm. Scheiß drauf, her mit dem Tütchen, rein mit der Pille. Sie legte sich auf den beigen Teppich, mit dem der Fahrstuhl ausgelegt war. An der Decke war ein Spiegel angebracht. Der Teppich unter ihr fing Feuer, während sie auf das synthetische Glück wartete. Nichts passierte. Ihr war heiß, sie zog sich obenrum aus. Starrte in den Spiegel und wartete. Es vergingen fünf Sekunden oder eine Stunde. Dann kickte das E. Als die Fahrstuhltüren aufglitten, war es, als würde sie durch die Himmelspforte treten. Der Fahrstuhlbetreiber war ihr Heiland. Ich weiß nicht, wie ich auf diese Story reagieren soll, ich finde alle Geschichten, in denen es um Drogenrausch geht, einsam, so wie auch Nacherzählungen von Träumen einsam sind. Ich nehme an, dass sie mir diese Geschichte erzählt, weil sie unsere Freundschaft vertiefen will. Mich dazu bringen will, mein eigenes schlechtes Urteilsvermögen zu offenbaren, dass auch ich auf solche Ideen kommen könnte. Aber die Erzählung erfüllt ihren Zweck nicht, und ich bin verunsicherter als auf dem Weg hierher. Die Türen des Fahrstuhls gleiten auf. Wir durchqueren einen langen Korridor, in dem das Licht automatisch

angeht. Das Atelier ist ein Lager, aufgeteilt in verschiedene Arbeits-
bereiche. Ich muss mich sowohl meiner Jacke als auch meines Pullovers entledigen. Frances misst Schultern, Arme, Länge. Sie legt das
Maßband um meinen Hals, und sofort kehrt das seltsame Unbehagen zurück. Mir wird kalt, ich fange an zu zittern. Du kannst dich
wieder anziehen, sagt sie.

Sie füllt eine Bialetti-Kanne mit Kaffeepulver und Wasser. Oder ist es
zu spät für Kaffee?, fragt sie. Nie, sage ich. Während wir darauf warten, dass der Kaffee kocht, zeigt sie mir verschiedene Materialien für
den Mantel. Fragt mich, was mir gefällt, bittet mich, es zu berühren.
Den hier mag ich am liebsten, sagt sie und faltet ein riesiges Stück
Stoff auseinander. Wahrscheinlich hat es in einem französischen
Schloss gehangen, zusammen mit dem hier, sagt sie und zeigt mir
einen Wandteppich mit einem Landschaftsmotiv. Im Vordergrund
eine Vase mit gelben Rosen, im Hintergrund spazieren Hofdamen
mit Sonnenschirmen über ein Feld. Die Textilien sind staubig und
riechen muffig. Sie sind abscheulich, aber Frances ist bereits mitten
im Prozess. In der Kanne auf dem Herd beginnt es zu sprudeln. Frances geht hin, nimmt sie von der Kochplatte und gießt den Kaffee in
zwei kleine Tassen, reicht mir eine. Sie lacht, als ich sage, dass ich ein
Koffeinproblem habe. Dass ich so gerne Schmerzmittel mit Koffein
über mein Frühstücksmüsli streuen würde. Frances hat ein domi-
nantes Lachen. Es ist liebenswert, es verschafft ihr gewisse Vorteile.
Bei einer Party scharen sich die Leute um sie, alle wollen dort sein,
wo am herzlichsten gelacht wird. Sie ist ein Wunder der Evolution,
die perfekte Mischung aus hinreißend und autoritär. Vielleicht ver-
bringe ich deshalb diesen klaren Abend hier. Sie ist eine Person, in
deren Nähe man gerne ist. In ihrer ersten Ausstellung zeigte sie vier
Mäntel, gefertigt für vier Frauen, die sie in einem Krisenzentrum in-
terviewt hatte. Der eine war aus weißer Wolle, blau und grau bestickt,
mit langer Schleppe. Zwei überkreuzte Messer auf dem Rücken. Ich
dachte an Brautkleider und Eisprinzessinnen. Sie hatte Auszüge aus

den Interviews mit den Frauen in ein kleines Heftchen gedruckt. Ich brachte es nicht fertig, alles zu lesen.

Auf dem Weg nach Hause fahre ich an einem Supermarkt vorbei, der bis spät geöffnet hat. Es ist kurz vor Feierabend, ich stelle mich hinter schwarzen Allwetterjacken in die Schlange. Ich nehme den schwachen Schweißgeruch der Person vor mir wahr, betrachte seine Waren auf dem Kassenband. Zuckerfreie Limonade, Waschmittel, Remoulade, Katzenfutter, Kochschinken und Brot mit langer Haltbarkeit. Ich hasse es, die Einkäufe anderer Leute zu sehen, es ist erniedrigend. Wenn ich auf meine eigenen Waren herabblicke, finde ich auch sie vulgär. Eine Tüte Milch, eine Schokolade und eine Packung Aufschnitt. Ich verstecke sie schnell in meinem Beutel und radle nach Hause. Es ist peinlich, in einer Schlange zu stehen, Konsument eines lächerlichen Produkts zu sein. Einmal saß ich bei so einer Nageldesignerin in einem Einkaufszentrum, als wäre ich ein Stück einer Ausstellung, die Hände auf dem Tisch. Erst als ich mich hinsetzte, wurde mir klar, wie dumm das war, aber da war es schon zu spät. Ich wagte es nicht, zu den Passanten aufzuschauen, fürchtete, von jemandem gesehen zu werden, den ich kannte. Also starrte ich auf meine Nägel, die mit kleinen Plastikdiamanten verziert wurden. Eine halbe Stunde hockte ich da und bezahlte fast nichts. Es ist einige Jahre her, aber die Scham ist jedes Mal, wenn ich darüber nachdenke, genauso unerträglich.

Ich hätte Nein sagen können, Frances bitten können, nicht mehr in den Wunden herumzustochern. Es gibt kein Urteil, keinen Prozess, kein Papier, das man vorzeigen könnte. Aber ein physischer Gegenstand wäre schon verlockend. Also lasse ich Frances die Erinnerung materialisieren.

Terje fragt, wie es war. Ich stehe im Flur, hänge meine Jacke und meinen Schal an die Garderobe. Während ich berichte, geht er in die Küche, er beendet die Unterhaltung, bevor sie begonnen hat. Ich folge ihm, beschreibe ihm, wie das Atelier aussieht und erzähle ihm die Geschichte vom Ecstasy im Aufzug. Kaum merklich lenke ich das Gespräch auf Terje. Das Haus ist still und sauber. Das hier ist ein normales Abendritual. Nach den Pflichten des Tages führen wir ein Gespräch, das ich immer als vertraulich empfunden habe. Aber im Moment ist es nicht vertraulich. Es gibt einen Raum, den ich nie geöffnet habe. Nein, es ist kein Raum, es ist ein Wald. Wenn es so große Teile von mir gibt, die Terje noch nie gesehen hat, gibt es dann auch solche Weiten in ihm? Was in den Tiefen des anderen existiert, ist unerreichbar. Der Gedanke ist zunächst erschreckend, aber er verschafft auch Respekt, ein Bewusstsein dafür, den anderen nie vollständig besitzen zu können. Ich gönne ihm das, was auch immer er zu verbergen hat, genauso, wie ich es mir gönne.

Es liegt eine gewisse Mystik darin, nicht alles zu wissen. All die Dinge, die ich nicht über Ex-Beziehungen, frühere One-Night-Stands und seine Pornovorlieben weiß, erleichtern das Zusammenleben. Hoffe ich. Ist es möglich, dieses endlose Meer von Hetero-Porno anzusehen und hinterher so zu tun, als wäre nichts, zu glauben, es hätte sich nichts geändert? Nicht nur den Kopf vom Körper zu trennen, sondern sich selbst zu zerstückeln, andere zu zerstückeln? Sich trotzdem immer in einer sexuellen Hierarchie wiederzufinden, in der der eine bestätigt und der andere bestätigt wird? In dem Winter, in dem ich achtzehn wurde, lieh ich mir den Personalausweis meiner Freundin aus. Wir kamen in einen Nachtclub, wo Mädchen in Bikinioberteilen auf dem Tresen tanzten. Eine ganze Reihe Männer schaute zu, sie trugen Jeans mit überfüllten Hosentaschen, karierte Hemden und offene Jacken. Wir waren unsichtbar und bahnten uns unseren Weg durch das Lokal. Ganz hinten gab es ein Podium, dort tanzten Frauen in kurzen Shorts und hohen Absätzen hinter Plexiglas. Es war Winter, und ich trug ein schwarzes Top unter meiner Daunenjacke. Ich band mir die Jacke um die Hüfte, zog das Top ein bisschen nach unten, damit die Rüschen von meinem BH gerade so im Dekolleté hervorlugten. Die Wände waren verspiegelt. An diesem Abend wurde mir ein Getränk spendiert. Ich bestellte einen Wodka Energy, das war der einzige Drink, von dem ich zu diesem Zeitpunkt gehört hatte. War mir nicht sicher, was für einen Deal ich damit einging. Ich leerte mein Glas, so schnell ich konnte, verschwand unauffällig und nahm den Nachtbus nach Hause. Ging mit einem Lächeln ins Bett, allein dafür hatte sich der Drink gelohnt.

Ich lernte, meine Hand über meinem Drink zu halten und ihn nie aus den Augen zu lassen. Ich sah Männer, die Frauen ansahen; verstand nie, warum mir deshalb so übel wurde. Dachte, nichts davon wäre real, das wäre alles Einbildung. Ich ging zur Schule, saß im Klassenzimmer zwischen Jungs und Mädchen. Zurück im Neutralen. Die Jungs im Klassenzimmer waren Kinder. Sie waren Freunde. Wir spielten Tischtennis im Freizeitclub und teilten uns Limos. Niemand hatte Macht. Unsere Eltern hatten die Macht. Unser Lehrer hatte die Macht. Ich konnte nicht fassen, dass all das etwas zu bedeuten hatte, dass es etwas bedeutet, wer wen ansieht, dass es etwas bedeutet, die Jacke anzubehalten, dass es etwas bedeutet, sich unbewusst mit dem Objekt zu identifizieren.

Ich verspüre ein leichtes Verlangen nach einer Schlaftablette. Es ist Mittagspause, ich habe noch fünf Minuten. Ich beschließe, heute Abend, vielleicht schon um 20 Uhr, eine Tablette zu nehmen. Der Gedanke macht mir gute Laune. Ich freue mich auf die Sanftheit im Körper, wenn die Medizin zu wirken beginnt. Der raumlose Schlaf ist der beste, die Tablette wirkt wie eine Hand, die mir die ganze Nacht über auf der Stirn liegt. Die Vitrine mit den Pillen ist eine Kirche für Ruhe und Frieden. Dort gibt es starke Schmerz- und Beruhigungsmittel. Ich nehme nichts davon, sie sind einfach da. Wie bei einem Spion im Krieg, der sich Giftkapseln hinter die Backenzähne klemmt. Was war in diesen Kapseln? Zyanid? In jenem Winter, in dem es passierte, gefiel mir die Idee, Giftkapseln nah am Körper zu tragen. Mir gefiel der Gedanke an einen letzten Ausweg, an eine Möglichkeit, wenn man nicht aus der Tür oder aus dem Fenster kam. Nie wieder gezwungen sein, einfach dazuliegen – ich könnte Zyanid schlucken. Das waren gefährliche Gedanken. Ich trug den Umschlag von der Notfallsprechstunde für Vergewaltigungsopfer in meiner Tasche. Hatte Angst, dass ihn jemand finden würde, traute mich aber nicht, ihn wegzuwerfen. Schließlich schredderte ich ihn von Hand, schnitt das Papier in dünne Streifen und warf sie in verschiedene Mülleimer, über die ganze Stadt verteilt. Später entsorgte ich noch mehr, alle Lippenstifte, die ich nach dem Vorfall benutzt hatte. Schuhe, Jacke, Stifte, Bettwäsche. Ein neuer Anfang. Ich versuchte mir einzureden, dass es nicht so schlimm war. Vergewaltigt zu werden ist wie eine Reise an einen Ort, den man schon mal in einem Film gesehen hat. So war das. Wie wenn einem die Weisheitszähne gezogen werden. Wenn man zum ersten Mal betrunken ist. Ja, so ist es. Jetzt bin ich dran. Ich hatte so viele Porträts von Frauen gesehen, die getötet oder verschwunden waren. Nun war ich auch so ein Gesicht. An Heiligabend war ein Foto von mir gemacht worden, nur ein paar Wochen vor dem Vorfall. Dieses Porträt hätten die Zeitungen gedruckt. Jetzt hängt es bei meinen Eltern an der Wand, ich denke jedes Mal an den Vorfall, wenn ich die Liv auf dem Foto sehe. Ich vermisse sie.

Ich verlasse die Teeküche, gehe hinaus zum Parkplatz und um das Gebäude herum. Stapele die weißen Gartenstühle übereinander und trage sie in den Schuppen. Ein Patient steht am Fenster und beobachtet das traurige Schauspiel. Ich lächle, das ist eine Maske. Mein Körper ist verwirrt von diesem täglichen künstlichen Lächeln. Es filetiert die Gefühle, schneidet sie auseinander, als ob man etwas Grünes ansieht und sich einredet, es sei rot, bis man nicht mehr erkennt, welche Farbe es wirklich hat. Das Lächeln ist eine Ware, ich werde dafür bezahlt, es zu verteilen, ebenso wie ich das Lächeln deprimierter Kellnerinnen und Nageldesignerinnen mit Sehnenscheidenentzündungen in den Handgelenken konsumiere. Als ich zum Parkplatz zurückgehe, sehe ich den Filmstar aus einem weißen Wagen steigen. Er hat sich seit unserer letzten Begegnung einen Bart stehen lassen. Vielleicht für eine Rolle. Er sieht mich und winkt. Ich winke zurück. Das gelbe Birkenlaub wirbelt durch die Luft, bei jedem Windstoß werden die Bäume kahler. Er kommt ein paarmal pro Woche zu Besuch, oft in Sportklamotten. Heute hat er einen Strauß gelber Tulpen dabei. Mir wird bewusst, dass Männer immer die hässlichsten Blumen kaufen, die sie finden können. Gelbe Tulpen im Oktober, was läuft falsch bei den Leuten? Gemeinsam gehen wir zur Station. Ich frage, ob er eine Vase für die Blumen braucht. Ja, danke, antwortet er. Ich gehe in die Küche, packe den Strauß aus. Schneide die Stiele mit einem scharfen Messer ab, stelle sie in eine entsprechend hohe Vase. Nehme zwei Tassen und eine kleine Thermoskanne aus dem Schrank. Setze den Kaffee auf und stelle alles auf ein Tablett. Während der Kaffee kocht, denke ich über Bestrafung nach. Ist es falsch von mir, seine Blumen zu schneiden? Könnte ich diesen Dienst leisten, wäre er nicht freigesprochen worden? Ich frage mich, ob es eine Grenze gibt, wem ich meine Dienstleistungen erbringen würde. Helfe ich nur guten Menschen? Wenn mein eigener Täter ein Patient oder Verwandter wäre, würde ich mich um ihn kümmern? Darüber habe ich in meiner Ausbildung nichts gelernt. Ich lernte das Handwerk, das vorsichtige Setzen von Kanülen. Ich trage das Tablett hinaus in den Korridor, dort steht er und wartet. Wie geht es ihr?, fragt er. Ich glaube, sie macht Fortschritte, sage ich. Wirklich? Er erinnert mich an ein Kind, das die Antwort bekommt, die es hören wollte. Fortschritt ist das beste Wort, das mir einfällt, es ist weder zu gut noch zu schlecht. Die Kranken müssen für alles neue Worte finden. Angehörige sehnen sich nach Genesung, und die Kranken möchten ihnen diesen Wunsch so gern erfüllen. Sie verwenden das Wort Fortschritt. Das kann bedeuten: Fortschritt seit gestern oder Fortschritt seit dem Frühstück. Oder einfach Fortschritt, weil die Schmerzmittel zu wirken beginnen. Er bietet an, das Tablett ins Zimmer zu tragen. Ich bestehe darauf, es selbst zu tun. Auf dem Weg den Korridor entlang fragt er mich, ob ich neue Schuhe habe. Ich trage ein Paar lila Sneaker. Das sind nur meinen Drinnenschuhe, sage ich. Die gefallen mir, sagt er und betritt das Zimmer seiner Schwester.

Als ich von der Arbeit nach Hause fahre, ist das ganze Birkenlaub von den Bäumen geweht. Während der Busfahrt google ich den Filmstar. Er hatte einige Rollen in amerikanischen B-Movies. Das ist ein Synonym für Beliebtheit. Der Vergewaltigungsfall taucht erst weiter unten in der Liste der Suchergebnisse auf. Der Fall ist über zehn Jahre her, und er wurde freigesprochen. Vor *MeToo*. Eine Zeit ohne hübsche Feministinnen. Es war eine gute Zeit. Ich vermisse diese Zeit ohne Worte. Es bereitete mir weniger Schmerzen, diese Sache beiseitezuschieben, nicht zu wissen, was ich wusste. Es war leichter, es als einen Einzelfall zu betrachten und nicht als Muster. Immer im Zweifel für den Angeklagten, immer unter der Annahme, dass falsche Anschuldigungen gemacht wurden. *Not all men!* Es gibt ein Foto von ihm vor dem Gerichtsgebäude. Er ist umringt von Journalisten und Fotografen, wie bei einem Red-Carpet-Event. Im nächsten Artikel posiert er mit seiner Freundin bei einer Filmpremiere, der Artikel ist vier Jahre alt. Die meisten Google-Fotos stammen von Premierenfeiern oder sind Standbilder aus Filmen. Von der Produktionsassistentin sind nur wenige Bilder zu finden, nur ein Rücken in einem Gerichtssaal. Man kann an ihrem Rücken und ihren Haaren erkennen, dass sie hübsch ist. West-Oslo. Kleine Details in Outfits und Schmuck verraten mehr über sie. In Kombination mit den Bleistiftskizzen aus der Zeitung lässt sich leicht ein Bild von der Person machen. In einem Artikel wird ein Zitat aus ihrer Aussage einem Zitat des Filmstars gegenübergestellt. Sie beschreibt, dass sie diejenige war, die auf ihn zugegangen ist. Dass sie nicht verliebt war, sondern es als eine Art Spiel gesehen hat. Dass sie testen wollte, wie einfach es war, die Aufmerksamkeit des allseits beliebten Schauspielers auf sich zu ziehen. Er beschreibt die Situation deckungsgleich, dass sie diejenige war, die den ersten Schritt gemacht hat. Dass er geschmeichelt war und keinen Ausweg wusste. Ausweg, das war das Wort, das er benutzte.

Ich weiß genau, wie dieses Spiel funktioniert, weiß genau, wie ich jemanden dazu bringen kann, sich in mich zu verlieben. Nicht mich zu lieben, aber eine kurzsichtige Faszination zu entwickeln. Die erste Person, bei der ich damit Erfolg hatte, war ein Referendar an unserer Schule. Ich war fünfzehn, er knapp zehn Jahre älter. Jedes Mal, wenn er sich über meinen Tisch beugte, spürte ich seine Nervosität. Ich lächelte ihm zu, wenn er Aufsicht auf dem Schulhof hatte. Hielt dem Blick lange stand, stellte ihm viel zu persönliche Fragen. Ich hielt das für Macht, glaubte, dass ich diese Macht hatte. Beim Schulball stand er in seiner gelben Reflektorweste an der Sprossenwand. Ich lächelte. Später, als ich allein in der Garderobe war, kam er zu mir. Ich lachte über etwas, das er sagte, und berührte seinen Arm. Abends fuhr er mich und zwei Freundinnen nach Hause. Er setzte die anderen zuerst ab, bevor wir durch eine Landschaft aus Reihenhäusern und Wohnblocks fuhren. Erst als wir allein im Auto saßen, verstand ich, wer die Macht hatte. Ich sagte kein Wort. Das Auto rollte an einem leeren, dunklen Spielplatz vorbei. Er fragte, ob er hier anhalten oder mich den ganzen Weg bis zur Tür fahren solle. Bis zur Tür, sagte ich und holte mein Handy und meinen Schlüssel hervor. Seitdem lächelte ich dem Referendar in den Pausen nicht mehr zu. Im Gegenzug übersah er mich, wenn ich im Unterricht die Hand hob. Sexualität entstand nicht in einem luftleeren Raum, sie entstand in einer reifen Welt voller Fallgruben und Irrwege. Es gab Mitschüler, die Pornos auf ihren Laptops abspielten, und Schulkrankenschwestern, die uns erzählten, Sex sei etwas Heiliges. Was mir vermittelt wurde, stimmte nicht mit dem überein, was ich sah. Ich ging nach Hause, machte Hausaufgaben im Bett. Das Mathebuch lag schwer in meinen Händen, ich legte es mir auf die Brust und überlegte mir, wie ich da wieder rauskam.

Es tut gut, nur das Beste über den Filmstar zu glauben. Die oberste Instanz hat ihn freigesprochen, es gibt keinen Grund, großes Aufheben um die Sache zu machen. Die Alternative würde bedeuten, pingelig zu sein. Ihm Dienstleistungen zu verweigern, seiner Familie

Fürsorge und medizinische Behandlung zu verweigern. Aber damit würde ich die Stimmung verderben. Ich weiß nicht, wer dabei am meisten zu verlieren hat. Ich will ihm so gerne dieses »Im Zweifel für den Angeklagten« zugestehen, so sehr, dass ich über meine innere Stimme hinwegwalze. Die Stimme, die unter dem Allerheiligsten begraben liegt. Gute Stimmung. Wenn ich auch nur ansatzweise in der guten Stimmung herumstochere, weiß ich genau, welchen Lauf die Dinge nehmen werden. Es beginnt mit einer subtilen Annäherung, einem vorsichtigen Kompliment oder einem Blick. Aufmerksamkeit, die allmählich Grenzen überschreitet. Gesprächsthemen, die langsam intimer, allmählich sexuell aufgeladen werden. Womit du selbst angefangen hast, verheddert sich plötzlich, und du kannst es nicht mehr aufhalten. Ich kenne das. Hätte ich es verhindern können? Die Antwort wäre immer Ja. Ja, ich hätte es verhindern können. Ich hätte mich hässlicher, weniger freundlich und abweisender geben können. Meine eigene Sexualität ausradieren. Ich hätte an diesem Tag zu Hause bleiben können. Hätte mich mit Teer und Fischöl einschmieren können. Nicht existieren können. Trotzdem steige ich immer wieder in den Ring, immer und immer wieder. Es ist ein sensibles Spiel, bei dem ich mich sicher fühle, bis ich es irgendwann nicht mehr bin. Wahrzunehmen, ab wann Flirten zu Zwang wird, ist eine heikle Angelegenheit. Handwerk. Lebenswerk. Wie beim Referendar im Auto. Oder bei einer aggressiven SMS. Ein Kommentar im Suff. Eine Hand. Mehrere Hände. Nicht so schlimm, ist alles Teil der Existenz.

Sex und Gewalt sind durch eine unsichtbare Brücke miteinander verbunden. Sobald ich diese Brücke überquert hatte und auf der Seite der Gewalt stand, hatte es nichts mehr mit Sex zu tun. Nur aufgrund dieser Betrachtungsweise kann ich auf die sichere Seite zurückkehren. Jetzt bin ich auf der sicheren Seite, aber es gibt Dinge, die mich zurückwerfen können.

alles, was um die Handgelenke strammt

alles, was um den Hals strammt

zu warm angezogen sein

öffentliche Toiletten

zu viele Menschen im Bus

den Körper einer anderen Person im Bus zu berühren

vereinzelte Blicke

vereinzelte Gestalten

Spannbettlaken

das Geräusch von Gürtelschnallen

eine gewisse Art von Architektur und Inneneinrichtung, wie zum Beispiel rote Plastikstühle

billige Prints von Gustav Klimt

mit Mascara einschlafen

fettiges Haar

7-Eleven in der Nacht

Notfallambulanz

Storgata

Hausmanns gate

Tauben in Schwärmen

den Kindern Antibiotika verabreichen, sie dazu zwingen, die Mixtur zu schlucken

Krankheit

fast alle Fotografien von Jacqueline Kennedy Onassis

Am schlimmsten sind Menschen, denen der Schmerz ins Gesicht geschrieben steht. So wie Jackie. Der Schmerz durchdringt schöne Gesichtszüge und glatte Haut. Ich wende mich ab, bin sicher, solange ich einen großen Bogen um all das mache. Ich muss weiter, aber ich kann nicht. Die Verantwortung liegt nicht bei mir, und sie tut es doch. Es gibt einen Rechtsstaat, aber es gibt ihn nicht. Ich gehe weiter, aber ich stecke fest. Sie glauben mir, aber sie können es nicht wissen.

Die Erinnerung ist ein Gespenst. Es begann mit Johannes. Ich hatte keinen besonderen Respekt vor meinem Körper, er hatte bereits viele Dinge getan, auf die ich keine Lust hatte. Ich bat ihn, es zu tolerieren. So lange, bis ein anderer Körper kam, einer, von dem ich nicht wollte, dass er dergleichen tolerierte. Das Kind saß in der Badewanne, mit krummem Nacken, es studierte seine Hände im Wasser. Der runde Rücken war noch immer der eines Babys, gerade so in der Lage, sich aufrecht zu halten. Ich wasche es zwischen all den Hautfalten, hinter den Ohren und unterm Kinn. Er war ruhig, wusste, dass ich immer behutsam mit ihm umging und aufpasste, dass ihm kein Wasser in die Augen kam. Das ließ mich daran denken, woran sich mein Körper erinnerte. Mein Körper war wie eine stumme Puppe behandelt worden. Allein der Gedanke, jemand würde Johannes auf diese Art und Weise anfassen, ihn zu einem Unfreiwilligen machen, war grotesk. Ich musste nach Terje rufen, ihn darum bitten, Johannes aus der Wanne zu heben. Ließ mich auf den Badezimmerfußboden sinken, der Raum drehte sich. Würde ihn jemand anfassen? Würde er es dulden müssen? Ich nahm eine Schmerztablette und ging ins Bett. Ich sagte, es sei ein Anfall, Migräne und Schlafmangel.

Als ich aufwachte, lag Johannes im Bett, die Hände unter meinem Pullover. Mein Baby, mein Baby, mein Baby, wiederholte ich, bis ich mich sicher fühlte. Der Raum war dunkel, die Kopfschmerzen verschwunden. Johannes schwitzte am Hals, ich rückte ein Stück von ihm weg. Er war so abhängig von mir, und das hat irgendetwas repariert. Mein Körper bekam eine neue Funktion, es war nichts Ästhetisches, Sexuelles oder Materielles. Ich wusste, dass es falsch war, dass es nicht seine Aufgabe war, meine Narben zu heilen, aber so war es nun einmal. Ich fand Versöhnung darin, einen Sohn zu bekommen. Verstand, dass ein Körper mehrere Leben leben konnte, dass er in unterschiedliche Zustände hinein- und wieder aus ihnen herausfallen konnte. In diesem Moment funktionierte er wie eine Art Haus, ein Haus für ein Kind. Für einen anderen Menschen war er ein Mülleimer für Sperma und Einsamkeit. Ich sah riesige Säle vor mir, wie die allerschönsten des Louvre, und stellte mir vor, ich war ein solcher Saal für Johannes.

Die Kinder gehen durch die dunkle Straße, vorbei an künstlichen Spinnweben und von Kerzen erleuchteten Kürbissen. Ich gehe ein paar Meter hinter ihnen, lasse ihnen das Gefühl, völlig frei zu sein. Silhouetten von Vampir-Capes und Tüllröcken wandern hinaus auf den Sportplatz. Junge Leute drängen sich auf der Tribüne, ich sehe die Flamme eines Feuerzeugs und die Lichter unzähliger Handys. Die Kinder klingeln an der Tür des schönen Hauses, des Backsteinhauses. Die Mutter öffnet die Tür, verteilt kleine Papiertüten mit Bändern daran. Sie hat keinen Job, glaube ich. Ich frage mich, ob sie sich eine Scheidung leisten kann. Sie kommt auf die Treppe, beugt sich vor und lobt die Kinder für ihre Kostüme. Die Ricke. Sie steht draußen auf weiter Flur und wartet darauf, erlegt zu werden. Ich stehe ein Stück entfernt und schaffe es nicht, mich von dem Gedanken daran zu befreien, was in diesem Haus vorgefallen ist. Vielleicht ist das dumm von mir, es gibt bestimmt keine Räume, die komplett ohne Schuld sind. Die Mutter kommt hinaus in den Garten, bis zum Briefkasten, wo ich stehe. Streckt ihre Hand aus. Sie verneigt sich, als ich ihr die Hand schüttele. Im Apfelbaum hängen Puppen, über die blutige Laken gestülpt sind. Weiß sie etwa nicht, was hier passiert ist? Oder vielleicht weiß sie es, denkt aber, dass das Leben nun mal weitergeht. Dass sie das Beste daraus macht, sich nicht einschüchtern lässt. Alle machen das Beste daraus. Wie ich, wenn ich abends mit dem Taxi nach Hause fahre. Ich weiß, dass ich im Taxi nicht sicherer bin als draußen auf der Straße, aber in meiner Vorstellung funktioniert es. Zu wissen, dass ich mein Bestes gegeben habe, war vernünftig, also würdig. Ein würdiges Opfer tut alles, was in seiner Macht steht, immer. Am unwürdigsten ist es, mit jemandem nach Hause zu gehen, freiwillig. Den Raum zu betreten, in dem es geschehen wird, freiwillig. Ich war auch so eine Ricke, habe meinen langen, nackten

Hals vorgezeigt. Hätte genauso gut ein Fadenkreuz auf meine Puls-
ader malen können. Bitte, lieber Herr Jäger, hierhin kannst du schießen. Wenn du willst, oder einfach nur, weil du es kannst.

Ich liege in der oberen Koje des Doppelstockbetts im Kinderzimmer
und verberge das Leuchten meines Handydisplays unter der Bettdecke. Johannes ist kurz davor, einzuschlafen, nachdem ich ihm ver-
sichert habe, dass es keine Monster oder Hexen gibt. Ich verspreche
ihm, dass nirgendwo Gefahren lauern, dass ich auf ihn aufpasse. Blut
ist nichts Schlimmes, erkläre ich ihm, es fließt durch unseren Körper, um uns zu helfen. Skelette sind nicht eklig, nichts an unserem
Körper ist ungeheuerlich. Ich schaue hinunter in die untere Koje,
jetzt liegt er auf dem Rücken mit ausgebreiteten Armen, so, wie nur
Menschen schlafen können, die sich sicher fühlen. Dass nirgends
Gefahren lauern, ist eine Lüge, aber ich gebe ihm diese Nacht. Die
Gefahr ist vorbei, denke ich jedes Mal, wenn eine Wunde genäht
wird. Das Böse kommt und geht wie in einem Zyklus, und jetzt verschwindet es gerade wieder. So weit weg, dass ich die Kontrolle darüber verliere. Dann folge ich ihm. Tippe den Namen des Schauspielers in mein Handy ein. Klicke mich durch alte Zeitungsartikel,
die meisten von ihnen habe ich schon einmal gelesen. In den älteren ist er anonymisiert. Dann tauchen irgendwann Name und Bilder auf. Meistens ist es ein Studioporträt, klassisch, vor schwarzem
Hintergrund. Ich schicke Frances einen Link. Ich habe ihr schon
erzählt, dass er regelmäßig bei meiner Arbeit auftaucht. Das Display
blendet mich, ich vergesse, dass Johannes im selben Raum ist. Normalerweise trenne ich diese beiden Dinge, aber inzwischen sickern
sie ineinander über. Seinen Namen zu googlen, ist ein stiller Vor-
gang, der mich dem eigentlichen Namen näherbringt. Ich bewege
mich langsam auf einen Abgrund zu. Oder vielleicht bin ich nicht
diejenige, die sich auf den Abgrund zubewegt, sondern er. Ich weiß
nicht, wo er sich gerade aufhält. Weiß nicht einmal, ob es ihn überhaupt gibt, in meiner Erinnerung ist sein Gesicht verzerrt. Wenn

ich nur daran denke, was er an jenem Abend anhatte, schrecke ich zurück. Aber lass es mich versuchen. Er trug eine schwarze Jeans. Er trug eine schwarze Jacke. Schwarze Schuhe. Guck mal, ist gar nicht so schlimm. Erst als mir wieder einfällt, dass er einen roten Schal trug, kann ich nicht weitermachen. Ich stehe zu nah am Abgrund. Ich schalte das Handy aus, bin wieder zurück im Doppelstockbett. Meine Augen gewöhnen sich an die Dunkelheit. Still klettere ich die Leiter runter, schalte die Nachttischlampe an, die neben dem Bett steht. Sehe, wie seine Brust sich hebt und senkt. Verlasse den Raum und gehe hinunter ins Erdgeschoss. Jugendliche ziehen laut lachend an unserem Haus vorbei, sie haben sich die Gesichter weiß angemalt und schwarze Kapuzen übergestülpt.

Ich versacke auf dem Sofa und starre auf mein Handy. Mir wird eine Werbung für Reformhausprodukte angezeigt. Das Verpackungs-design sieht edel aus, hoffentlich wurde der freiberufliche Designer ordentlich bezahlt. Sie preisen Pillen an, die die Nerven beruhigen sollen. Ich überfliege die Liste der Inhaltsstoffe. Kräuter, Vitamine, Stärke und Farbstoffe. Verstehe, warum es dieser Werbung gelun-gen ist, ausgerechnet mich aufzuspüren. Ein anderes Produkt ver-spricht mir Energiezufuhr. Vielleicht kann man die gleichzeitig neh-men, denke ich. Ruhig und gut drauf. Ich sehe mir Klamotten an, die ich kaufen kann, und klicke auf verschiedene Anzeigen. Eine Nachtcreme für 829 Kronen. Ist das viel? Und eine Gesichtsmaske mit echtem Gold, das kostet natürlich. Ich stöbere durch Hunderte von Produkten. Mir wird übel, als mir klar wird, dass eine Packung Vita-mine und etwas Hautcreme nicht reichen werden. Ein Glück, dass ich Geld habe, denke ich. Wenn ich grau im Gesicht werde, kann ich mir Gold kaufen und mich damit beschmieren. Zum Microneedling gehen. Mir Wimpernverlängerungen aus Nerz leisten, statt aus Plas-tik. Das macht mir Hoffnung. Alles wird gut.

Er ist so unbedeutend. Er ist nur diese eine Nacht. So, wie auch ich für ihn unbedeutend war. Das ist die einzige Rache, die mir bleibt. Er hat mich zum Objekt gemacht, also mache ich ihn zum Objekt. Zu einem Verbrecher und einem Kriminellen. Er ist entmenschlicht. Wenn ich an diese Nacht denke, dann meistens, ohne an ihn zu denken. Er ist ein graues Loch, das jemand in meine Erinnerung geschnitten hat. Ich erinnere mich vor allem an leblose Objekte wie die klamme Bettwäsche oder den Stuck an der Decke. Eine Tasse auf dem Nachttisch. Oder an die Farbe des Himmels, als ich mich endlich traute, den Raum zu verlassen. Es war ein sternenklarer Januarmorgen. Ich erinnere mich an Menschen, die mir auf dem Heimweg entgegenkamen. Menschen mit gewöhnlichen Gesichtern, sie hörten Musik oder telefonierten. Ich versuchte, sie zu spiegeln, einfach nur geradeaus zu gehen. Konzentrierte mich darauf, ein Bein vor das andere zu setzen. Das ist gut, dachte ich. Gehen war leicht, tatsächlich kam mir alles so funkelnd klar vor. Ich konnte jede einzelne Ader in den Blättern auf dem Boden sehen, verstand nicht, dass ich voller Adrenalin war. Noch immer ist der Nachhauseweg ein Film, der sich nie ändert, alle Details bleiben gleich. Die Erinnerung an ihn ist flüchtiger. Er ist ein gesichtsloser Schatten, ich habe keinen Begriff für ihn. Nicht Vergewaltiger, nicht Täter. Wie soll ich ihn nennen? Es war eher wie ein Raubüberfall, jemand hat sich eine Maske ins Gesicht gezogen und alle Ausgänge blockiert. Ich kann ihn Räuber nennen. Obwohl er einen Namen hat. Ich gebe diesen Namen in das Suchfeld auf meinem Handy ein. Finde Adresse, Telefonnummer, Arbeitsplatz, Ehepartnerin, Kinder. Betrachte ein Foto seiner Familie. Sie stehen vor einem geschmückten Weihnachtsbaum. Seine Frau trägt ein rotes Kleid, die Kinder scheinen im gleichen Alter wie meine zu sein. Junge fünf, Mädchen drei. Ich zoome auf ihre Gesichter. Süße Kinder. Im Hintergrund steht ein kleiner Tisch mit einer Kähler Vase. Ich erkenne einige I K E A-Möbel wieder, die auch bei mir zu Hause stehen. Studiere sein Gesicht. Man kann es ihm nicht ansehen. Ich zoome seine Augen heran, entdecke darin keine Spur von dem, was ich weiß. Ich weiß, was du getan hast, denke ich. Weißt du, was du getan hast? Sag, was du getan hast. SAG ES! RAUS MIT DER SPRACHE!

Ich lege das Telefon weg. Bin in einem Treppenhaus, höre Johannes' Theatergruppe im Nebenzimmer proben. Um mich herum stehen Eltern, sie starren auf ihre Handys. Ich trage einen burgunderfarbenen Wollmantel und braune Lederschuhe. Das sieht schön aus. Ich presse die Handflächen an den Stoff des Mantels, neunzig Prozent Wolle, zehn Prozent Kaschmir, fühle mich gleich sicherer. Jenseits dieser Wand singen Kinder zweistimmig, auch das fühlt sich gut an. Ich muss aufhören, die Erinnerung zu nähren, denke ich. Erinnerung ist ein Wesen, das seine Form ändert. Im Moment ist es ein Wolfstier, das um mich herumschleicht, um meine Kinder. Es wartet vor dem Haus an sternenklaren Morgen. Wenn ich abends das Licht ausschalte, steht es immer noch da. Und wenn ich nun zum Wolfstier hinausginge, es fragte, was es wolle? Der Blick des Tieres sagt, dass es meine Schuld war. Das sagte auch der Blick des Räubers. In meiner Erinnerung gibt es einen Altar für all die Dinge, die ich hätte anders machen sollen. Nicht nur an jenem Tag, sondern generell. Ich habe von Anfang an alles falsch gemacht. Es tat weh, als ich zum ersten Mal Sex hatte. Darauf war ich vorbereitet, und ich war vor allem darauf bedacht, diesen Schmerz nicht zu offenbaren. Ich habe mich so verhalten, wie ich glaubte, mich verhalten zu müssen, nicht so, wie ich wollte. Als ich es hinter mir hatte, konnte ich mich mit einem gelungenen ersten Geschlechtsverkehr brüsten. Es war ein Erfolg, das Unbehagen verborgen zu haben. Ich verließ den Ort des Geschehens in dem Glauben, neu erschaffen worden zu sein. Wusste nicht, dass es nicht nur beim ersten Mal wehtat, sondern die ersten zehn Male. Dass es mechanisch und aufgesetzt war. Ich befahl meinem Körper, sich so zu verhalten, wie sexuelle Wesen sich nun mal verhielten. Das hatte seine ganz eigene Ästhetik, hatte nichts mit mir zu tun. Meine eigene Sexualität wurde ersetzt durch konstruierte Handlungen, von denen ich immer noch nicht weiß, ob ich sie abgelegt habe. Was ich wirklich wollte und worauf ich Lust hatte, war zweitrangig. Ich tat Dinge, die ich nicht wollte. Mehr als nur ein Mal. Das war leichter, als Theater zu machen. Meine Sexualität und die, die prak-

tiziert wurde, waren zwei völlig verschiedene Dinge. Eine vorherge-
sagte Katastrophe. Meine Grenzen waren nicht konstant. Ich konnte
nachts unterwegs sein und mich frei fühlen, bis jemand seine Hände
unter meinen Rock schob und mich demütigte. In anderen Nächten
konnte genau dasselbe passieren, nur dass ich mich geschmeichelt
fühlte. Und doch ging ich immer wieder aus, Nacht für Nacht. Jedes
Mal passierte etwas, worauf ich keine Lust hatte. Meine Sexualität
war ein Labyrinth, dessen Wände sich drehten. Ich konnte nie sehen,
was ich wollte und wann ich es wollte.

———————

Die Leidtragende bin ich. Mir ist jemand zu nah getreten. Ich denke
an diejenigen, die eine neue Niere von jemandem aus der Familie
bekommen. Frage mich, ob es für meinen Fall eine ähnliche Lösung
gibt. Repariert zu werden, ohne je wieder richtig heil zu sein. Leidtragende klingt irgendwie albern. Ich muss weitermachen, aufhören,
so rumzujammern. Male mir aus, was ein Gerichtsverfahren gekostet
hätte. Also im Detail, wie viel es mich gekostet hätte, inklusive der
Snacks, die ich mir in den Pausen gekauft hätte, der angemessenen
Kleidung. Dass ich mir hätte freinehmen müssen. Das hätte mich
einige Tausend gekostet. Hinzu kommen Gerichtskosten, polizei-
liche Ermittlungen und Gefängnisaufenthalt. Indem ich einfach wei-
termache, leiste ich auch einen Beitrag für die Gesellschaft. Stacheln
wieder einfahren und allen einen ausgeben. Der Steuerkasse einen
ausgeben, ihm einen ausgeben. Denkt er darüber nach? Jetzt, in diesem Moment, denkt er darüber nach, was er hätte anders machen
können? Kennt er meinen Namen noch? Wie funktioniert das kör-
perliche Gedächtnis bei demjenigen, der vergewaltigt hat? Fließt auch
ihm das Blut nicht mehr bis in die Hände, werden seine Finger kalt
und steif? Schmerzen seine Muskeln, wenn er am wenigsten damit
rechnet? Ich habe sein Haus auf der Karte gesehen. Die Straße, in der
er wohnt, hat einen schönen Namen, Svanestien, der Schwanenweg.
Aber das Viertel sieht trist aus. Kilometerlange Reihenhäuser, Schei-
dungshäuser, gepfändete Häuser. Vielleicht macht er dasselbe wie ich
und gibt sein Bestes, um ein gutes Leben zu führen. Vielleicht hat
er Schulden. Wieder tippe ich seinen Namen in die Suchleiste und
komme mir dabei vor, als würde ich etwas Kriminelles tun. Habe
Angst, ein Algorithmus würde uns noch enger aneinanderketten, als
wir es ohnehin schon sind. Da steht seine Handynummer. Ich überlege, welche Nachrichten ich hätte schreiben können.

Werde dich nie vergessen.

Denk an dich.

Ich weiß, wo du wohnst.

Ich entdecke ein Foto von seinem Haus bei Google Street View. Das Haus ist weiß, davor parkt ein blaues Auto. Mir wird kalt. Meine Hände schmerzen. Zeig mir die Welt, in der er die gerechte Strafe erhält. Wenn ich könnte, würde ich ihn bestrafen? Würde sich irgendetwas ändern, wenn er drei Jahre einsäße? Drei Jahre sind eine lange Zeit, ich würde die Wochen mit ihm zählen. Mich selbst fragen, nach dem ersten Jahr: Waltet jetzt Gerechtigkeit? Ließe ein weiteres Jahr vergehen: Sind wir jetzt quitt? Nach Verbüßung der Strafe wird die Akte geschlossen. Je mehr ich darüber nachdenke, umso mehr kommt es mir vor wie Verschwendung. Eine Unmenge Zeit wäre verloren. Trotzdem ist es passiert, die Tat kann nicht rückgängig gemacht werden. Ich glaube nicht an Strafe. Es hätte nicht passieren dürfen, das ist das einzige Eingeständnis, das ich will. Ich will es aus der Geschichte herausschneiden, wie eine Regisseurin ihre Filme schneidet. Die Dinge, die davor und danach passiert sind, miteinander verlöten.

Ich hatte jetzt zwei Nachtschichten hintereinander und werde die Kälte in meinem Körper nicht los. Nehme im Dunkeln den Morgenbus nach Hause. Alle tragen dunkle Daunenjacken. Ich schlafe ein, bevor die Sonne aufgeht, bekomme sechs Stunden Schlaf, einen feuchten, grauen Schlaf. Die Sonne geht gerade wieder unter, als ich aufwache. Ich sauge Staub und stelle die Waschmaschine an, ehe ich ins Fitnessstudio gehe. Tue alles, was ich tun muss. Trotzdem sind meine Hände ganz weiß. Ein Arzt auf der Station sagte einmal, dass Frauen in der zweiten Hälfte ihres Lebens immer kalt ist. Ich sagte nichts dazu, kommentierte nicht, dass mir seit dem Vorfall kalt ist. Auch wenn ich Sport mache und heiße Bäder nehme, die Wärme hält immer nur kurz an. Dann kommt die Kälte zurück. Seit ich älter bin, kommt nur hinzu, dass mir nachts der kalte Schweiß ausbricht. Jetzt ist es wieder Nacht.

Ich sitze in der Küche mit dem Laptop auf dem Tisch vor mir und den dünnen weißen Kabeln im Ohr. Schaue mir eine Backsendung an und warte auf die Müdigkeit, um ins Bett gehen zu können. Alles droht zu gefrieren, der Asphalt glitzert im Licht der Straßenlaternen. Mit jedem Abend, der vergeht, wird es stiller. Es sind weniger Leute zu sehen, und die, die unterwegs sind, sind in Mützen und Schals gehüllt. Der Körper wird kälter. Es erfordert mehr, warm zu bleiben, heiße Duschen und mehr Trainingseinheiten. Ich klappe den Laptop zu und höre, wie das Haus schläft. Schließe die Küchengardinen und frage mich, ob Schnee liegt, wenn ich sie das nächste Mal öffne. Im Winter gleitet die Erinnerung langsam dort hinein. Das Gedächtnis wird angegriffen, wenn die Sicherheit kalt und gefroren ist, ebenso wie ein kalter Körper gefährdeter ist. In kurzen Momenten kann ich vergessen, dass die Gefühle im Raum anwesend sind, genauso wie Tische und Stühle. Die Gefühle leben im Körper, und der Körper ist das Wirtstier, das das Innere herumträgt. Eine wütende Person, die die Straße entlanggeht, ist nicht dasselbe wie eine glückliche. Eine heile Person in einer Küche ist nicht dasselbe wie Kopfsteinpflaster. Ob man nun ein verletzter oder unverletzter Elternteil ist, macht einen Unterschied. Frances hat mich einmal gefragt, wovor ich Angst habe. Ich konnte es nicht genau benennen, da gibt es einiges. Vielleicht davor, die Kontrolle über mein Gedächtnis zu verlieren. Dass es in andere Hände gelangt, zu einer juristischen Dimension wird, auf die ich keinen Einfluss mehr habe. Oder davor, ein Loch zu sein. Ich muss einen Staudamm bauen, um die Angst fernzuhalten. Wenn ich die Erinnerung reguliere, wird sie nicht zu den Kindern durchsickern. Es macht einen Unterschied, eine Mutter zu haben, die vergewaltigt worden ist. Das ist schade. Eine Person, die vergewaltigt, ist nicht dasselbe wie eine Person, die dies nicht tut. Das ist schädlich. Es sind seine Gefühle, für die ich einen Damm baue. Als ich den Damm errichtete, glaubte ich, es wäre eine einmalige Sache. Ich würde ihn aufschütten, und dann wäre es vorbei. Aber es ist eine Art ewig andauernde Wartungsarbeit, genauso wie sich die Hände warm zu reiben.

Im besten Fall war die Vergewaltigung wie eine Reise. Man ist anwesend, mit seinem Körper und all seinen Habseligkeiten, man ist den Gegebenheiten ausgeliefert. Es gibt Essen, wenn man hungrig ist, und es gibt Busse, die einen bringen, wohin man will. Als Johannes noch in meinem Bauch war, reiste ich nach New York. Ich dachte, ich fröre wegen der Luftfeuchtigkeit. War gestresst, weil das Fleisch nie richtig durch und der Salat nie richtig gewaschen war. War gestresst vom Stress. Aber dort, in New York, habe ich sie gesehen: Emma Sulkowicz. Sie trug eine Matratze über den großen Universitätsplatz. Die Matratze sah schwer aus, schwer genug, dass sie meine Aufmerksamkeit auf sich zog, in dem Gewimmel der Studierenden. Das ist eine Performance, sagte meine Begleitung. Sie trägt die Matratze, auf der sie vergewaltigt worden ist, über den Campus. Das tut sie jeden Tag. Manchmal bekommt sie Hilfe beim Tragen, manchmal trägt sie sie allein, erklärte mein Freund. *Carry that weight.* Emma Sulkowicz ging mit entschlossenem Blick quer durch die Menge, dann verschwand sie hinter einer Säule. Später googelte ich ihren Namen und scrollte durch unzählige Bilder von dem, was ich gerade miterlebt hatte. Ich schlenderte durch Manhattan, kaufte Eiscreme und Blasenpflaster. In der Park Avenue entdeckte ich einen Touristenbus. Mehrere Stunden ließ ich mich umherfahren, willenlos und erschöpft. Ein Guide wanderte den Mittelgang auf und ab, erzählte uns von der Stadt. Das war interessant, aber heute erinnere ich mich nur noch daran, dass er von seiner Frau erzählte. Der Bus hielt vor einem riesigen weißen Krankenhaus. Der Guide erzählte, dass seine Frau am elften September in diesem Krankenhaus war. Sie hatte gerade eine Mammographie, als das erste Flugzeug in einem der Türme einschlug. Vom Krankenhausfenster aus konnte sie beide Tower sehen. Die Krankenpflegerin verließ panisch den Raum. Die Frau des Guides saß noch im Röntgengerät, sie hörte Schreie im Flur. Der Rauch quoll aus dem Turm. Es dauerte mehrere Minuten, bis jemand zurückkam, um ihr aus dem Gerät zu helfen. Sie zog sich an, rannte aus dem Krankenhaus. Mitten auf der Straße standen Autos, die Türen sperrangelweit offen. Ich dachte an die Bilder, die ich gesehen hatte, von dem Rauch in den Straßen, umherirrenden Menschen. Später habe ich oft an diesen Moment gedacht, an die Brust im Mammographiegerät und das Flugzeug, das in den Turm raste. Ich wurde diese Bilder nie wieder los. Und dass ich am selben Tag Emma Sulkowicz mit ihrer Matratze gesehen hatte. Ein unsichtbarer Silberfaden war entstanden, er folgte mir durch die Straßen und über den Atlantik.

Der erste Schnee ist gefallen. Die Kinder lernen Skifahren. Der Wald scheint hell und sicher. Letzte Woche war ich allein dort. Es war dunkel, aber es waren viele Leute in den Loipen. Ich versuchte, mit zwei Jugendlichen Schritt zu halten. Irgendwann gabelte sich der Weg. Die kurze Route, an deren Ende man an einem anderen Ort herauskommt, oder die lange Runde, die dort endet, wo sie angefangen hat. Die beiden entschieden sich für die lange Runde, ich folgte ihnen. Mitten im Wald sausten sie einen Hügel hinunter und waren verschwunden. Ich wetzte ihnen nach, konnte sie jedoch nicht mehr einholen. Ich sah mich um, niemand da. Blieb stehen, um zu lauschen, konnte nur meinen eigenen Atem hören. Jetzt war ich allein im Wald. Ich glitt unter den Lichtern und den schweren Zweigen hindurch. Beschleunigte mein Tempo, es pochte in meiner Brust. Ich hatte Angst, aber es war eine kontrollierte Angst. Der Atem und der warme Körper wirkten wie ein Schild. Die Angst und der Puls verschmolzen zu einem Organismus, den ich ertragen konnte. Ich denke immer noch daran.

Ich hebe die Kinder auf die Sitze. Ihre Köpfe und Beine sind schwer. Hole mit der einen Hand den Proviant hervor, halte die Skier mit der anderen. Rosa sitzt da und starrt aus dem Busfenster, ihre Wimpern werfen lange Schatten über ihre Wangen. Der Bus schaukelt durch die Straßen, die Kinder sind still. Sie wissen nicht, dass ich mich an ihrer Ruhe labe wie ein Parasit. Wir gehen nach Hause und trinken heißen Kakao. Ich denke mal wieder daran, wie gut es ist, dass ich Geld habe und für Skier und Ausrüstung bezahlen kann. Ich wäre eine schlechte Mutter, wenn ich kein Geld hätte. Ich hätte nichts vorzuweisen. Mit glühenden Wangen schlafen sie ein, ich wünschte, ich könnte eine Glasglocke über uns stülpen. Ich gönne mir eine lange, heiße Dusche und beziehe die Betten neu. Lege mich unter die Decke und denke an die Schlaftabletten, die ich bei mir habe. Bleibe trotzdem liegen, hoffe, dass der Skiausflug mich in den Schlaf zwingt. Höre, wie Terje in der Küche mit jemandem telefoniert, gleichzeitig räumt er die Spülmaschine aus. An der Art, wie er spricht, höre ich, dass er wohl seine Mutter in der Leitung hat, er ist der Empfänger der Kommunikationssignale, sagt Dinge wie jaja. Ich öffne das Fenster, die kalte Schneeluft erfüllt den Raum. Beim Verlangen nach dem Schlafmittel geht es nicht ums Einschlafen, sondern darum, die Nacht durchzustehen. Platz für das Licht zu machen und nicht zu lange stillzuliegen. Wenn ich zum Beispiel im Fitnessstudio bin, dann bin ich eine Person, die trainiert. Es ist eine zusätzliche Rolle, in der ich mich verstecken kann – ich kann einfach ein aktiver Körper mit langem Pferdeschwanz sein.

Im Frühjahr habe ich Frances alles erzählt. Wir saßen auf einer grünen Bank unter einem grünen Baum. Ich erzählte es einfach, geradeheraus, ganz emotionslos. Hätte gedacht, es würde noch irgendwas passieren, wenn ich es laut aussprach, etwas Großes. Aber nichts geschah. Ein Mann und sein afghanischer Windhund gingen an uns vorbei. Der Windhund war hell und sauber. Er hielt an, um zu trinken, der Mann hatte einen kleinen Napf und eine Wasserflasche dabei. Wie nett. Frances reagierte recht neutral. Sie stellte viele Fragen, aber die waren ziemlich nüchtern. Ich fragte mich, ob sie das in einem Kurs gelernt hatte. Sie saß mir zugewandt. Nett, wie der Mann mit dem Hund. Ich schaute geradeaus, starrte an eine Mauer, an die jemand HÄSSLICHE SCHUHE gesprayt hatte. Ich blickte hinunter auf meine eigenen Schuhe, die waren nicht hässlich. Es war ein Paar schwarzer Lederschuhe mit dicken Sohlen, mir gefiel die Art, wie sich mein Gang in ihnen änderte, als strahlte ich mit jedem Schritt Sicherheit aus. Frances stellte mir viele Fragen, das gefiel mir. Sie wollte mich nicht trösten, nicht reparieren, nicht verurteilen. Sie sprach über Vergewaltigungen, als wären sie ein nicht ungewöhnlicher Punkt im Lebenslauf eines Menschen. Wie den Führerschein machen oder Nordlichter sehen. Nach diesem Gespräch liebte ich sie nur noch mehr. Sie war diejenige, die mir beibrachte, es nicht Sex zu nennen. Es nicht mit freiwilligem Sex zu vergleichen, denn das würde alle nachfolgenden Beziehungen infiltrieren. Sieh es als nichts anderes als eine Vergewaltigung, eine Misshandlung, sagte sie. Einfach nur Gewalt und Handlung. Als einen juristischen Akt, einen Paragrafen, der keine Parallelen zu deinem Alltag hat. Sie zählte Paragrafen aus dem Strafgesetzbuch auf. Mir gefiel die Art, wie sie darüber sprach. Sie stellte den Vorfall auf einen Sockel, wo ich ihn von allen Seiten betrachten konnte. Ich hielt dieses Gespräch für revolutionär. Erkannte, dass es doch einen Wert hat, diese Erfahrung zu teilen. Niemand bleibt nach einer Vergewaltigung liegen. Niemand. Alle stehen auf. Niemand hört danach auf, Mensch zu sein. Ich dusche, schreibe Einkaufszettel, gehe einkaufen, bestelle mir Waren nach Hause, denke an alles andere als an das eine. Ich weigere mich, liegen zu bleiben.

Frances verlobte sich, als sie achtzehn war. Sie bekam einen echten Diamantring und wurde auf einen Ball eingeladen. Ihre Mutter nahm sie mit in eine Boutique, in der man sich Ballkleider ausleihen konnte. Frances entschied sich für ein schwarzes Kleid, obwohl ihre Mutter sie zu champagnerfarbenem Satin überreden wollte. Sie zog lange Handschuhe an. Vor dem Ball ging sie zum Friseur, ließ sich schminken, frisieren und kleine Perlen ins Haar stecken. Ihre Mutter war da, sie half, das Korsett des schwarzen Kleides zu schnüren. Frances schob den Verlobungsring über den behandschuhten Ringfinger. Vor dem Ball wurden alle Mädchen in einer Halle versammelt. Dort wurde ihnen gesagt, wie sie den Ballsaal betreten, wie sie ihre Hände halten sollten. Frances mochte solche Dinge, Orte, an denen es Regeln gab. Das bedeutete, dass sie sie brechen konnte, sie wusste bereits, dass sie das tun würde. Die Türen zum Ballsaal wurden geöffnet, sie konnte ihren Verlobten am Ende des Raumes stehen sehen. Er war neunzehn Jahre alt, sie kannten sich seit drei Monaten. Sie wusste, dass die Sache mit der Verlobung nicht real war, es war eine Art von Vereinbarung. Etwas war vorgefallen, woraufhin sie sich verlobt hatten. Der Ring hatte tausend Dollar gekostet. Zuerst hatte Frances gedacht, es sei ein fairer Preis für das, was passiert war. Der Preis war in Ordnung, auch wenn sie nicht genau wusste, wer ihn bezahlte. Sie wurde neunzehn, er wurde zwanzig. Sie dachte immer öfter daran, den Ring zu verkaufen und mit dem Geld eine eigene Wohnung anzumieten. Mehrere Dinge passierten, Dinge, die zwischen Sex und Gewalt oszillierten. Sie nahm den Ring ab und betrachtete den Diamanten in der Sonne. Steckte ihn wieder an den Ringfinger und ballte die Hand zur Faust. Fragte sich, ob es wehtun würde, zurückzuschlagen.

Früher hielt ich Gewalt für eine Naturkraft. Dass sie, egal was ich tat, verübt würde, nicht unbedingt an mir, aber irgendwo da draußen. Dass da etwas im Menschen schlummerte, das gewalttätig war, sich seiner Kontrolle entzog. Ich sehe Johannes an. Ich mustere ihn, nicht mit den Augen einer Mutter. Auf der Suche nach diesem unaufhaltsamen Naturphänomen. Er ist fünf Jahre alt. Ich studiere ihn aufmerksam. Aber ich erkenne nichts an ihm, was von dieser Naturgewalt zeugt. Er ist ein Kind, das sein Bestes tut, um nach den Karten der Erwachsenen zu navigieren. Eines Nachmittags fragt er mich: Ist der Arztbesuch heute gut gelaufen, Mama? Ich halte inne, ich kann mich nicht erinnern, ihm von diesem Termin erzählt zu haben. Aber stimmt, ich war beim Arzt. Erst sage ich, dass es gut lief, dass ich kerngesund sei. Dann frage ich ihn, woher er davon weiß. Das hast du gestern zu Papa gesagt, am Telefon. Ich lasse Gestern Revue passieren, er hat recht. Vielleicht hat er etwas Nervöses in meiner Stimme gehört. Dass dieser Termin entscheidend war, mir viel abverlangt hat. Es war mal wieder Zeit für die Krebsvorsorge, zu der ich alle zwei Jahre gehe. Das war ein typisches Szenario, in dem ich das Vergewaltigungsopfer spiele. Eine Rolle mit Drehbuch und Regieanweisungen. Eine klassische Szene, die gynäkologische Untersuchung. Ich werde es bezwingen, sagte ich mir. Mit Unterstützung meiner Benzos, aber ich hätte es sicher auch ohne geschafft. Ich zog mich aus, zog jedoch den grünen Vorhang nicht vor. Die Gynäkologin bereitete ihre Instrumente vor, ich legte mich in den Behandlungsstuhl. Beine hoch, Körper runter, einatmen, ausatmen, zur Ruhe kommen. Das Klappern des Spekulums. Die Ärztin bat mich nicht darum, mich anders hinzusetzen oder mich zu entkrampfen. Schau her, dachte ich. Ich habe gewonnen. Ich befahl meinem Körper, sich zu entspannen, das setzte absolute Konzentration voraus. Der beste Yogi der Welt sollte mich jetzt mal sehen. Jedes Mal, wenn die Konzentration nachließ, spürte ich, wie sich Kiefer und Hände verkrampften. Ich schaffte es, gegenzusteuern, führte Small Talk mit der Ärztin über Weihnachtseinkäufe und Grippeimpfung. Im Siegestaumel verließ ich das Behandlungszimmer. Schaut her! Ein normaler Mensch!

Bei der Notfallsprechstunde für Vergewaltigungsopfer teilte ich mir das Wartezimmer mit einer Frau, die genau das war: ein Opfer. Gepeinigt und geschunden. Sie zitterte am ganzen Leib. Das Haar hing ihr in Strähnen vor dem Gesicht. Sie war in Begleitung einer Freundin dort, die die Kommunikation mit dem Personal übernahm und kleine Plastikbecher mit Wasser holte. Ich hörte das Rascheln einer Packung Paracetamol. Wollte nicht hinsehen. Wollte, dass sie sich zusammenriss, aufhörte, so ein typisches Vergewaltigungsopfer zu sein. Ich hatte mein Bestes gegeben, um die Fassung zu wahren. Mir ganz genau überlegt, was ich anzog, meine Unterwäsche in einen Zip-Lock-Beutel gepackt. Mit festen Schritten und erhobenen Hauptes diesen Raum betreten. Die Frau mit den Haaren vorm Gesicht war eine Spiegelung dessen, was ich nicht sein wollte. Früher hätte ich tiefes Mitgefühl für sie empfunden, jetzt empfand ich Ekel. Es machte einen so hässlich, die Vergewaltigte zu sein. Diese Szene verfolgt mich seitdem. Jedes Mal, wenn ich an der Notfallambulanz vorbeigehe, denke ich an diejenigen, die gerade dort drin sind und warten. Die auf den roten Plastikstühlen sitzen und auf den Linoleumboden starren. Habe ich etwa kein Mitgefühl für sie? Ich kann mich erinnern, dass dort keine Kunst an den Wänden hing, wie es in kommunalen Wartezimmern sonst üblich ist, nichts, worauf ich meinen Blick hätte richten können. Ich saß da und starrte auf ein Ventil an der Decke. Hauptsächlich, weil ich nach oben schauen wollte, mich nicht zusammenkauern, wie erwartet.

Im Lehrbuch für Frauen gibt es ein Kapitel über das Misstrauen Männern gegenüber. Wie ein Incel, nur umgekehrt. Beides ist gleichermaßen verstörend, gleichermaßen unwillkürlich. Die Kluft entstand so allmählich, dass ich es nicht mitbekam. Unsere Lehrerin teilte die Klasse in zwei Gruppen, wir setzten uns in einen Kreis. Auf einem Tisch lagen Binden und Tampons in unterschiedlichen Größen. Die Lehrerin präsentierte uns die Produkte wie in einer Fernsehshow. Alle kapierten, wie geheim diese Veranstaltung war. Danach gingen wir zurück ins Klassenzimmer. Dort saßen die Jungs. Der Raum war dunkel, nur erleuchtet von einem Fernsehgerät, das jemand hereingeschoben hatte. Dort saßen sie, die Arme auf den Tischen verschränkt, alle mit kurz geschorenen Haaren. Im Dunkeln erinnerten sie an Balletttänzer mit ihren geraden Rücken und den nackten Hälsen. Diese Unterrichtsstunde hat ein Loch in mir hinterlassen. Einen Defekt, den ich nie beheben konnte. Ich habe diesen Defekt nicht bemerkt, bis mir jemand sagte, dass das Kind im Mutterleib männlich war. Da kapierte ich, dass ich krank war. Völlig gestört. Es war falsch, wie ich über das Kind dachte.

Ich bin noch nie bei Frances zu Hause gewesen. Ihre Wohnung ist groß und sehr sauber. Ich hatte mir etwas völlig anderes vorgestellt, eine Künstlerinnenbude voller Cannabispflanzen oder so. Aber ihre Wohnung ist hell und wunderbar. Im Wohnzimmer steht ein schwerer indischer Tisch, auf den ich mir keinen Reim machen kann. Ein nettes Ledersofa auf der einen und zwei Barcelona-Sessel auf der anderen Seite des Tisches. Die Küche ist sauber, es gibt keine Gegenstände, die grundlos irgendwo rumstehen. Sieht aus, als würde hier eine Psychopathin wohnen, sage ich. Frances lacht und öffnet eine Flasche Wein. Ich habe ziemlich viele Möbel geerbt. Von Psychopathen?, frage ich. Ja, in der Tat, erwidert Frances und geht hinaus ins Wohnzimmer. Ich folge ihr, bleibe vorm Bücherregal stehen. Sehe gerahmte Familienfotos, Frances mit einem kleinen Dackel bei einer Hundeshow, einen jungen Mann in Tennis-Klamotten, zwei Kinder auf dem Rücken eines Kamels. Auf einem Bild trägt Frances ein hellblaues Kleid. Es ist ein üppiger Stoffhaufen aus Schleifchen, Raffungen und Tüll. In den Händen hält sie eine Geige. Ich vermisse die Achtziger, sage ich, ohne eine Antwort zu bekommen. Wir setzen uns einander gegenüber an den indischen Tisch. Ich auf einen der Sessel, Frances mit einem Notizblock auf das Sofa. Ich bin nervös, als sollte ich eine Prüfung ablegen.

Das hier ist seltsam, sage ich.

Ja, das stimmt.

Soll ich anfangen?, frage ich. Spüre, dass die Verantwortung für dieses Gespräch bei mir liegt. Frances nickt.

Ich habe viel darüber nachgedacht. Über ... Vergewaltigungen. Das war überhaupt nicht so, wie ich es mir vorgestellt hatte. Es war stiller. Durch den Mangel an Dramatik wurde es so peinlich.

Hattest du Angst?

Ja, doch. Aber ich wusste nicht, ob ich Angst haben sollte. Ich dachte, wenn ich mich einfach normal verhalte, würde auch die Situation normaler werden. Verstehst du? Oder, ich weiß nicht, woran ich eigentlich dachte. Ich dachte an nichts.

Ich lehne mich nach vorn und greife nach meinem Weinglas. Es fühlt sich unnatürlich an zu trinken, es fällt mir schwer zu schlucken. Das Weinglas ist zu schön. Ich sollte aus einem Plastikbecher trinken, mit weißen Rillen. Wie die in der Notfallambulanz.

Ich finde dieses Gespräch ehrlich gesagt sehr unangenehm. Ist das wirklich nötig für dein Projekt? Weißt du, was du da tust? Was, wenn ich jetzt gleich völlig ausflippe?

Frances rutscht auf dem Sofa herum. Ihr Blick flackert.

Ich weiß nicht genau, was ich da tue. Aber hey, niemand anderes kann dieses Gespräch für uns führen.

Was soll dieses Gespräch bringen?

Es soll bestätigen, was passiert ist. Dass es so was wirklich gibt.

Ich sehe Frances als eine Person, die viel Energie und Zeit für andere übrig hat. Schön, offen, reich, lustig. Das gibt ihr eine Art Macht, gehört zu werden. Sich verletzlich zu zeigen, wird ihr zusätzliche Kraft verleihen. Sie hat keine Angst vor gesellschaftlicher Ausgrenzung, also kann sie dieses Experiment durchziehen. Den zweidimensionalen Stoff nähen, ihn zu etwas Neuem werden lassen.

Ich sage: Ich hätte gedacht, das würde mich völlig kaputtmachen. Aber so funktioniert das nicht. Es geht eher darum, auf einer Art Rangliste platziert zu werden. Mein ganzes Leben lang habe ich gedacht, ich sei frei und souverän. Bis ich kapierte, dass das nicht stimmt. Dass solche Dinge jedem und jederzeit passieren können. Das ist es, was mich so beschäftigt. Nicht der Vorfall an sich, sondern der Terror seiner Existenz. Ich denke oft an Rosa, dass sie eine zehnprozentige Chance hat, Opfer einer Vergewaltigung zu werden. Dass alle ihre Freundinnen auch ein Teil dieser Statistik werden könnten. Und plötzlich bin ich völlig machtlos. Ich will nicht, dass sie diese

Gewissheit an irgendetwas hindert, ich will, dass sie so leben können wie wir. So tun, als wäre nichts, und einfach das Leben genießen.

Mhm, sagt Frances.

Aber vor allem denke ich an Johannes. Er ist meine Chance, etwas Gutes zu tun. Wenn er ein guter Mensch wird, dann habe ich meinen Zweck erfüllt. Und das ist auch wieder falsch. Ihm diese Last aufzubürden.

Also hat das, was passiert ist, einen Einfluss darauf, wie du deine Kinder erziehst?

Ja, aber es schmerzt, das zuzugeben. Das ist eine Niederlage.

Inwiefern Niederlage?

Dass es so einen Einfluss auf mich hat. Dass es einen Einfluss auf meine Kinder hat. Dass es nie aufhört, obwohl der Vorfall an sich so schnell vorbei war.

Welche Bedeutung hat das, was passiert ist, für deinen Alltag?

Über diese Frage muss ich einen Moment nachdenken. Will nicht laut aussprechen, dass es in allem existiert. Besonders in der Kluft zwischen mir und den anderen. In diesem Zwischenraum liegt immer eine Bedrohung. Wie der Abstand zwischen zwei Treppenstufen. Als Kind bin ich nie gern die Kellertreppe hinaufgegangen. Der Raum zwischen den Stufen war ein dunkles Loch, wo Monster und Vampire nach meinen Beinen griffen. Ich rannte die Treppe hinauf, wollte schnell nach oben kommen, in Sicherheit. In meiner Vorstellung konnte alles Mögliche in den dunklen Lücken leben. Das könnte man auf den Abstand zwischen Menschen übertragen. Und dieser Abstand vergrößerte sich nach dem Vorfall. Ich spürte das Phobische in mir, konnte nachvollziehen, wie Hass in einem wächst. Es war widerlich, ich war kein guter Mensch. Ich war rassistisch, sexistisch, misanthrop. Ich habe nichts aus dem Vorfall gelernt.

In den darauffolgenden Tagen sehe ich Frances vor mir an der Näh-
maschine sitzen, die langen Stoffe auf dem Boden ausgebreitet. Die
Maschine rattert und frisst sich durch meterlange Seide. Unser Gespräch verpflanzt sich in Frances' Hände, die wiederum den Stoff
formen und die Nähnadel kommandieren. Sie ist die Staatsanwäl-
tin in einem juristischen Unterholz, leitet das Verfahren auf eigene
Faust. Ich muss immerzu daran denken, wie ein wirklicher Prozess
verlaufen wäre. Die Vorstellung beginnt immer damit, was ich an-
habe. Ich stehe in einem Geschäft und denke: Dieser Pullover wäre
perfekt für die Gerichtsverhandlung. Diese Gedanken muntern mich
auf. Ich hätte den perfekten Lippenstift aufgetragen. Natürlich frisch
gewaschene Haare, aber ich hätte meine Frisur jeden Tag minimal
variiert. Blitzblanke Turnschuhe. Vielleicht eine neue Jeans von Acne.
Eine Acne-Jeans zu tragen ist ein Zeichen von Macht, denn nur bestimmte Körpertypen können diese Hosen tragen. So träume ich vor
mich hin, wenn ich am Gerichtsgebäude vorbeispaziere. Dort drinnen spielt sich mein Leben in einem Paralleluniversum ab. Ich bleibe
stehen, beobachte die Leute, die durch die schwere Tür hinaustreten.
Gruppen von anzugtragenden Männern. Oder die Hochzeitsgesell-
schaft, die mit Reiskörnern in der Hand auf das Brautpaar wartet.
Diese Fantasien machen mir keine Angst. Der Gedanke, seinem Blick
im Gerichtssaal zu begegnen, ist erträglich. Sogar die Vorstellung,
draußen auf der Treppe mit ihm zu plaudern. Ich denke, das würde
ich tun. Auch darin liegt eine gewisse Macht. Was mir Angst berei-
tet, ist der Gedanke, in diesem andächtigen Gerichtssaal zu sitzen,
unter diesen hochgebildeten Menschen mit Geld und Macht und all
dem. Und sie dann sagen zu hören, das alles sei nur eine Lüge. Alles, was Sie gesagt haben, ist erlogen. Er hat es nicht getan. Hinterher durch die schweren Türen gehen zu müssen. Die weiße Treppe

hinunter. Statistiken sagen, dass dies der wahrscheinlichste Ausgang einer solchen Verhandlung ist. Die Frau in der Notfallsprechstunde sagte dasselbe. Es kommt selten zu einem Urteil. Also beschloss ich, mich nicht mehr nach Gerechtigkeit zu sehnen oder wonach auch immer man sich sehnen sollte. Der Gedanke an das perfekte Outfit ist eine armselige Rache in meiner Fantasie. Wie ein Spiel mit Barbie-Puppen, man zieht ihnen ihre Kleidchen an und lässt sie etwas darbieten, was nie erreicht werden kann.

Ich heiratete in dem Jahr, in dem alle Trauungen ins Rathaus verlegt wurden. Der Breivik-Prozess fand den ganzen Sommer über im Gerichtsgebäude statt. Oft sah man dunkle Fahrzeuge mit schusssicheren Scheiben durch die Stadt rollen. Ich habe körperlich auf diese Autos reagiert wie auf den Käfer auf der Decke. Meine Haut begann zu jucken, und ich hatte das dringende Bedürfnis, mich zu schützen, mich zusammenzurollen und zu warten, bis die Eskorte außer Sichtweite war. Dass ich so reagierte, hätte ich nicht erwartet. Aber es hing irgendwie zusammen, es war eine Reaktion auf Gewalt und Zwang. Da war eine Männlichkeit, die ich nicht verstand. Jedes Mal, wenn ein schwarzer Helikopter über den Himmel flog, musste ich daran denken. Nach Johannes' Geburt konnte ich draußen vor dem Fenster den Helikopter starten und landen sehen. Er lag nackt in meinen Armen, es war absurd, wie man überall kleine schmale Schattenstreifen entdecken konnte.

Der Filmstar kommt jeden Donnerstag. Nach dem Mittagessen rollt der weiße Wagen auf den Parkplatz. Das Gespräch ist bei jedem seiner Besuche ein bisschen anders. Weil er berühmt ist, verändert er jeden Raum, den er betritt. Ich weiß nicht, ob er das selbst überhaupt weiß. Wir gehen im Korridor aneinander vorbei, ich sage hallo. Später beobachte ich ihn durch eine Glastür. Ich muss wissen, wer er ist und was er tut. Er und die anderen Patienten sehen fern, er sitzt auf einem Stuhl mit Pissbezug. Sie schauen eine Kochsendung. Ich gehe in die Küche, mixe Fruchtsirup und Wasser in einem Krug. Es ist vierzehn Uhr, aber es kommt kaum noch Tageslicht von draußen herein. Ich bringe den Krug ins Gemeinschaftszimmer, er nimmt auch ein Glas entgegen. Sobald er es geleert hat, steht er auf. Ich folge ihm, will ihm etwas nachrufen. Aber ich habe gar nichts zu rufen, stehe nur da und sehe zu, wie er durch die großen Glastüren verschwindet. Als das weiße Auto den Parkplatz verlässt, atme ich erleichtert auf. Denke an die kleine Box bei mir zu Hause, ganz oben im Badezimmerschränkchen, in der ich die unterschiedlichsten Schlaf- und Beruhigungsmittel gesammelt habe. Im Winter sind sie besonders wichtig, ich muss einfach wissen, dass sie da sind. Früher trug ich immer Xanax bei mir, aber als Johannes krabbeln lernte, wollte ich sie so sicher wie möglich verwahren. Also sperrte ich sie weg, in die winzige Box, dachte, es würde mich mehr belasten, als es das schlussendlich tat. Mir war bewusst, dass es mir nicht um die Wirkung der Pillen ging, sondern um die Mauer, die ich damit um mich herum baute. In regelmäßigen Abständen waren die Medikamente abgelaufen, dann brachte ich sie stolz in die Apotheke zurück. Es war immer ein kleiner Triumph, sie hinter dem Tresen verschwinden zu sehen. Bevor ich Terje kennenlernte, hatte ich was mit einem Mädchen. Sie hatte auch Pillen, aber nicht in einer Schachtel. Sie lagen überall verstreut, in Taschen, auf der Spüle, in der Besteckschublade. Ich konnte ihre Pillen nicht ausstehen, aber mir gefiel, dass sie Muscheln von einem japanischen Strand hatte. Die Muscheln waren wie eine Fremdsprache. Ihre Oberflächen waren rau, innen waren sie ganz glatt, auch in ihnen fand ich Pillen. Sie legte die Muscheln ständig an einen neuen Ort, an einem Tag lagen sie auf der Fensterbank, am nächsten im Bücherregal. Bei jedem Besuch waren die Dinge ein wenig anders. Ich liebte es, in ihrem Kleiderschrank zu stöbern, dort gab es Glitzer und Tüll. Andere Dinge als die, die ich selbst besaß. Wir feierten Silvester zusammen, nur sie und ich. Sie wohnte im fünften Stock, die Raketen flogen uns die ganze Nacht um die Ohren. Kurz vor Mitternacht wollte sie Pilze nehmen, sagte, dass sie das Feuerwerk nur noch großartiger machten. Ich nahm nichts, war sowieso schon ganz benommen. Wir kannten uns seit vierzig Tagen, ich hatte seitdem fast jede Nacht mit ihr verbracht. Erst dachte ich, bei einer wie ihr wäre ich gut aufgehoben. Wir waren uns ähnlich, fast zu ähnlich. Gleiches Haar, gleicher Körper, anderes Gesicht. Um zwölf ging ich auf den Balkon, ich bekam einen Neujahrskuss. Sie war high, ich musste draußen warten. Als säße man in einem Flur und wüsste, dass im Nebenzimmer ein Sinfonieorchester spielt. Ich verließ den Balkon, beobachtete sie durch das Fenster. Hörte sie kichern und in den Himmel jauchzen. Ich traute dem Rausch nicht, glaubte nicht, dass er immer gut war. Als ihr Trip nachließ, war ich froh, sie wieder bei mir zu haben. Die Tage wurden zu Nächten, ich musste zur Arbeit. Und da bekam ich meine erste Schlaftablette. Ich nahm sie früh, um sechs Uhr abends. Wartete auf Schlaf, er kam wie ein Zug angedonnert. Ich betrat ein warmes, rotes Abteil. Der Zug fuhr ab und ich mit ihm. Zehn Stunden später wachte ich wieder auf. Ging zur Arbeit, tat am nächsten Abend dasselbe. Mitte Januar habe ich es beendet. Es war undramatisch, wir wurden gute Freundinnen. Jedes Mal, wenn ich um einen neuen Blister mit Schlaftabletten bat, bekam ich zwei.

Meine Mauer besteht nicht nur aus Tabletten. Sie besteht aus Ritualen und Regeln. Meine Klamotten sind ein Panzer. Wie bei Kindern, die sich als Piraten, Prinzessinnen und Feuerwehrleute verkleiden. Sie verkleiden sich, um keine Kinder mehr zu sein, so wie ich mich verkleide, um keine Vergewaltigte mehr zu sein. Ich bügele meine Blusen und reinige meine Haut. Das ist mein Überlebensmodus. Der Körper weiß, was passiert ist, und kann es nicht verbergen. Man kann es mir ansehen. Und ich sehe es anderen an. Ein lustiges Partyspiel. Wer an diesem Tisch ist vergewaltigt worden? Alle müssen ganz still sitzen, dürfen sich nicht verplappern. Irgendjemand lächelt. In diesem Fall bin ich es. Meine Hände sind unter dem Tisch, niemand spürt, dass sie kalt werden. Hätten sie genau hingesehen, hätten sie bemerkt, wie sich die Blutgefäße verengen. Kleine Zuckungen in den Muskeln und schnellerer Atem. Ich wage nicht, die nächste Frage zu stellen. Wer an diesem Tisch hat vergewaltigt? Das ist ein Spiel, das ich mich nicht traue zu spielen. Das kann jemand anderes tun. Jeder kann sich selbst zu erkennen geben, denke ich. Sich Hilfe suchen oder beten oder meditieren. Ich habe die Verantwortung abgegeben.

Die Frau von der Notfallsprechstunde spukt in mir. Die, deren Gesicht ich nicht gesehen habe, sie hing nur vornübergebeugt in ihrem Stuhl. Ich wollte bloß, dass sie es schafft, sich aufzurichten, das war mir so wichtig. Sie hatte eine Freundin dabei. Ich sah die Freundin an, mir fiel auf, dass wir komplett gleich gekleidet zu diesem Anlass erschienen waren. Hatten uns schick gemacht. Ich hatte mich wie eine Begleitperson verkleidet. So fiel es mir leichter, aufrecht zu sitzen. Als ich den Raum verließ, kam mir eine Frau an der Tür entgegen. Sie war in meinem Alter und trug einen lila Mantel aus Straußenfedern. Hatte goldenen Eyeliner aufgetragen. Wie schön sie aussah. Es ärgerte mich, dass ich nicht selbst darauf gekommen war.

Ich überquere den Rathausplatz, der Fjord ist mit einer Eisschicht bedeckt. Das Glockenspiel stimmt ein Weihnachtslied an. Die Geschäfte haben geöffnet, sie platzen aus allen Nähten vor Kränzen, Weihnachtsbeleuchtung und Geld. Ich sollte mich hier eigentlich unwohl fühlen, kritisch sein. Aber ich will mich täuschen lassen, will mich einlullen lassen und glauben, dass es noch Frieden auf Erden gibt. Ich gehe an den Anlegern entlang bis zur äußersten Spitze der Hafenkante. Kehre vorher in einer Parfümerie ein, kaufe einen Lippenstift. An der Kasse steht eine kleine Box mit feingeschliffenen Rosenquarzen für 500 Kronen das Stück. Machen Sie Gesichtsyoga?, fragt mich die Frau hinter der Kasse. Nein, antworte ich. Die hier sind richtig gut, sie sind unter ethischen Auflagen produziert. Was bedeutet das?, frage ich. Tja, das bedeutet wohl, dass es den Leuten in den Minen gut geht? Überlegen Sie mal, was Sie da gerade gesagt haben, erwidere ich und gehe. Habe Schwierigkeiten, mich zwischen den autoritären Gebäuden zu orientieren. Zwischen dem Hotel und dem Spa liegt ein Kindergarten, der sieht irgendwie simuliert aus, als würde jemand von einem anderen Planeten *Erde* spielen. Ich betrete das menschenleere Spa. Nur das Surren eines Kühlschranks voller Energydrinks und gedämpfte Panflötenmusik sind zu hören. Mein Termin beginnt erst in einer halben Stunde. Ich habe Angst, gesehen zu werden, und gehe zurück zum Hotel. Komme an zwei Frauen vorbei, nehme an, dass sie Prostituierte sind, vielleicht denken sie dasselbe über mich. Als hätten wir hier nichts zu suchen, wenn wir keine Huren sind oder ins Spa wollen. Die Hotelrezeption ist dunkel und voll greller Details. Sauber und doch dreckig. Wie ein Krankenhaus, dekoriert mit Messing und Velours. Ich setzte mich auf das Sofa gleich neben der Skulptur von Niki de Saint Phalle. Die sehe ich jedes Mal, wenn ich mir die Stirn machen lasse, habe sie jedoch noch nie so genau betrachtet. Ein glänzendes, buntes Vogelwesen. Wenn ich sie sehe, ist es, als träfe ich eine gute Freundin. Als würde ich ein bekanntes Gesicht in einer Menschenmenge entdecken. Ich nehme mein Handy, gebe den Namen der Künstlerin in das Suchfeld ein. Betrachte eine Weile ihr Foto auf dem Cover der Vogue. Niki de Saint Phalle war wütend, wahnsinnig und schön. Ihre Wut erschuf riesige Skulpturen, Frauenfiguren so groß wie Häuser. Niki de Saint Phalle nahm ein Gewehr und begann zu schießen. Sie schoss nicht wild in der Gegend herum, sondern feuerte präzise Schüsse auf machthabende Motive ab. Auf Geistliche und Präsidenten. Ihre Blicke waren wie Nadeln, aber die Nadeln waren nach außen gerichtet. Gegen Ende ihres Lebens schrieb sie einen Text über einen Vorfall.

Sie nannte diesen Vorfall Vergewaltigung, es sollte dreiundfünfzig Jahre dauern, bis sie das Wort aussprach. Die Vorstellung, ein ganzes Leben zu leben, ohne die Vergewaltigung beim Namen zu nennen, ist verlockend. Verstecken muss man es trotzdem nicht, nein, sondern es zu einem Teil seiner selbst und seiner Lebensaufgabe werden lassen. Es ist bizarr, Niki hier zu treffen. Die Skulptur löst etwas in mir aus, weshalb ich überlege, den Termin abzusagen. Wie ich sie so über mir thronen sehe, kommt sie mir größer vor als eine Vergewaltigung. Sie hat einen höheren Wert. Durch sie erkenne ich, dass man auch auf eine andere Art wütend sein kann. Ich schaue auf die Uhr. Denke an die Nadeln. Diese intensive Sekunde, in der sich alles nur um den Einstich dreht. So paradox, dass man sich selbst ein klein bisschen schöner und die Welt gleichzeitig ein bisschen hässlicher machen kann.

Ich gehe zurück zum Spa. Im Wartezimmer sitzen zwei weitere Frauen. Ich hoffe, sie sind älter als ich, kann nicht einschätzen, ob sie zwanzig oder fünfzig sind. Sie sehen komplett gleich aus, tragen beide ihre beige Loungewear. Alle Vierzigjährigen sind zurzeit so straff. Beide Frauen sind dünner als ich, ich schäme mich, die

Dickste im Raum zu sein. Ich weiß, dass sie genauso denken. Gönnen sich eine XS. Ich denke an die hohen Summen, die wir drei in den nächsten Stunden verprassen werden. Wie ein Ablasshandel für ältere Frauen. Alle genieren sich hier zu sein, hier zeigt man, wie sterblich man ist. Schau mich an, ich bin unsicher! Ich werde bald sterben! Das Spa weiß das auch und legt einen luxuriösen Filter darüber, um es erträglich zu machen. Dafür bin ich dankbar. Wenn sie mir doch nur über die Stirn streichen und sagen könnten: Ruhig, ruhig, du wirst noch nicht sterben. Kurz darauf lege ich mich auf die Liege mit dem weißen Papier. Höre das Knirschen der Spritzen, vernehme den beißenden Geruch von Desinfektionsmittel. Ich möchte lange leben. Das ist mein letzter Gedanke vor dem Einstich. Nach der Behandlung ist der Körper ruhig. Die Kosmetikerin gibt mir ein blaues Eispäckchen, das ich mir auf die Stirn legen soll. Sie zieht sich die Latexhandschuhe von den Händen und wirft blutige Wattebällchen in eine Tüte, knotet sie zu und verlässt den Raum. Ich bleibe noch einen Moment auf der harten Liege. Dann stehe ich auf, ziehe mir meine Jacke an und gehe. Wandere die Straßen entlang, kehre in zwei Geschäfte ein und kaufe die letzten Weihnachtsgeschenke. Der Schmerz der Spritzen wärmt mich auf dem gesamten Nachhauseweg. Es ist mehr als nur Haut zu glätten, es löscht Spuren aus dem Gesicht. Die Muskulatur von den Gefühlen zu trennen, ist eine Fantasie, die wahr werden kann. Eine Art Versuch, zu ändern, was in meiner Macht steht, um zu verhindern, dass das Böse an die Oberfläche gelangt. Der Verfall ist der Preis, den man zahlen muss, wenn man einen Körper hat. Für meine Kinder ist mein Körper eine Sonne, und sie sind die Planeten, die ihn umkreisen. Wenn ich mich von Raum zu Raum bewege, folgen sie mir. Sie reiben sich auf, regen sich ab, schlafen an ihm ein und wollen bei ihm sein. Manchmal stehe ich in der Waschküche und stelle plötzlich fest, dass die beiden hinter mir stehen. Sie wollen nichts von mir, sie wollen nur dabei sein. Das ist derselbe Körper, den jemand anderes vergewaltigt hat. Er hat mehrere Leben, er wird vergöttert und gehasst. Auch wenn er für einige eine Sonne der Liebe ist, so erinnert er sich doch an das andere. Er ist in einem ewigen Paradox eingeschlossen. Dass es sich hierbei um denselben Körper handelt, ist unglaublich. Die Sonne hat Flecken und Stürme, die man nicht mit bloßem Auge sehen kann. Wieder denke ich an Niki de Saint Phalle. Denke an die riesige Skulptur einer Frau, die auf dem Rücken liegt, in deren Körper man hineingehen kann. *She: A Cathedral.* Die Leute standen Ewigkeiten Schlange, um reinzukommen. Als die Ausstellung zu Ende war, wurde der Körper in seine Einzelteile zerlegt, er hatte seinen Auftrag erfüllt. Ich studiere das Foto, auf dem die Menschen anstehen, die in die Frau hineinwollten. Auf der Innenseite ihres Oberschenkels stand geschrieben *evil to those who think evil.* Vielleicht sollte ich eine solche Warnung an meinem Körper tragen. Ich frage mich, ob Niki sich auch mit der Vorstellung identifiziert hat, ein Tunnel für andere zu sein, für Geburten und Vergewaltigungen. Eine Kathedrale für alles und jeden. Es gibt eine Lücke zwischen Tod und Leben, und diese Lücke bin ich. Eine Passage, durch die das Leben hindurchdringen kann, unterschiedliche Leben, aber allesamt Leben. Dass der Kopf der Skulptur vom Körper getrennt war, war nur logisch, denn so fühlte ich mich auch. Als ginge ich ohne Kopf durch diese Welt, nur ein großes schwarzes Loch.

Niki de Saint Phalle begleitet mich die nächsten Tage. Ich lese alles, was ich im Internet über sie finden kann. Bestelle ein Buch, das per Expressversand bis an die Haustür geliefert wird. Es ist bereits da, als ich am nächsten Morgen aufwache. Terje fragt, was das sei, ich sage, das ist ein Buch, das ich lesen muss. Am Frühstückstisch blättere ich es durch. Studiere die Bilder, auf denen sie Waffen trägt. Fühle mich zu dieser Gewalt hingezogen, einer Gewalt, die ich nachvollziehen kann. Vor allem fühle ich mich zu Niki hingezogen. Durchstöbere alle Fotos, die jemals von ihr gemacht worden sind. Das reicht mir nicht, ich möchte sie in jedem Alter und aus jeder Perspektive betrachten. Die Aufnahmen aus ihren Modeljahren interessieren mich am wenigsten. Sie hat ein hübsches Gesicht, das jedoch in verschiedenen Gegenständen wie Hüten oder Schmuck untergeht. Später ist sie im weißen Arbeitskittel abgelichtet worden, genauso hübsch, aber älter. Kraftvoll und vernichtend. Vernichtend. Ich will auch schießen. Will genau dasselbe Gewehr halten, den Rückstoß an der Schulter spüren, wenn ich abfeuere. Ich informiere mich über den Tarotgarten, einen riesigen Skulpturenpark mit Tarotfiguren. Sie sind so groß wie Häuser, es gibt eine Spiegelhalle mit Türmen und Arkadengängen. Ich finde den Park auf einer Karte, mir wird sofort die Route angezeigt. Achtundzwanzig Stunden Fahrt. Dann würde ich unterwegs im Auto ein bisschen schlafen müssen, das traue ich mich nicht. Ich schaue mich nach Hotels entlang der Route um, sie sehen schmuddelig und trist aus. Ich öffne die Karte, zoome heran und spaziere mit Google Streetview durch die Straßen. An einer Ecke steht eine Touristengruppe, obwohl die Gesichter verpixelt sind, kann man sehen, dass sie gute Schuhe anhaben und ihre Rucksäcke vor dem Bauch tragen. Ich laufe durch schmale italienische Straßen ohne Bürgersteige, durch die die Autos hindurchrasen, und man überlebt trotzdem. Am Fuße der Stadt liegen goldene Äcker. Ich spaziere durch die Toskana, sehe Wäsche auf Leinen trocknen und Olivenbäume, deren schwere Zweige in der Sonne hängen. Erst als ich einmal quer durch die ganze Stadt gelaufen bin, fällt mir auf, dass auf einer Piazza eine

Skulptur von Niki de Saint Phalle steht. Ich komme nicht so nah ran, erkenne aber eine weibliche Figur auf einem Bein. Beim Herauszoomen bemerke ich, dass ich mich an einem ganz anderen Ort in Italien befinde. Ich gebe den richtigen Namen ein, Il Giardino dei Tarocchi, und beginne von vorn. Ich stehe vor einem geschlossenen Tor, von dem ich annehme, dass es der Eingang ist. Ich drehe mich um und gehe um den Park herum, doch die Zypressen, die den schmalen Pfad säumen, erschweren die Sicht ins Innere. Den Garten muss ich gar nicht unbedingt sehen, eher alles drum herum. Ich möchte wissen, ob ich dorthin reisen kann, ob ich mich traue, den schmalen Pfad entlangzugehen, auch wenn ich allein bin. Muss wissen, ob ich mich traue, abends den Bus zum Hotel zurückzunehmen. Der Park ist mit Stacheldraht eingezäunt, ich sehe keine der meterhohen Skulpturen hinter den Bäumen hervorlugen. Ich laufe zur Hauptstraße hinunter, versuche herauszufinden, wo die Bushaltestelle ist. Der Weg dorthin ist länger als gedacht, es scheint mir undenkbar, allein dorthin zu reisen. Im Dunkeln an einer Autobahn langzulaufen – das geht nicht. Vielleicht finde ich einen Taxifahrer in Rom, den ich fragen kann, wie viel es kostet, wenn er mich dorthin fährt. Es wird teuer werden, ich werde den Fahrer bitten müssen zu warten, bis ich den Park besichtigt habe. Doch dann wüsste ich, dass da die ganze Zeit jemand auf mich wartet, dass das Taxameter läuft. Diese Reise würde viel kosten. Geld, das ich für Hautpflege und Filler ausgeben könnte. Ich muss Prioritäten setzen. Ich mag es nicht, durch fremde Städte zu laufen, ohne zu wissen, wo ich meine nächste Mahlzeit einnehmen werde. Ich mag es nicht, wenn jemand ein Restaurant vorschlägt, ohne zu wissen, ob es gut ist. Vielleicht muss ich deshalb allein dorthin reisen. Oder um herauszufinden, ob ich es kann. Dass ich, wenn ich es schaffe, überhaupt nicht kaputt bin. Dann bin ich eine Person, die macht, was sie will. Eine, die nicht aufgehört hat, zu träumen.

Eine Schulklasse hat Weihnachtslieder einstudiert und trägt sie den Patienten vor. Ein Pianist spielt auf dem braunen Klavier, das normalerweise unberührt bleibt. Der Kinderchor bringt frischen Wind in das kommunale Gesundheitswesen. Die Patienten sind vor Weihnachten müder als sonst. Sind es leid, in weißen Zimmern in weißen Betten zu schlafen. Sind es leid, Namensschilder an ihrer Kleidung zu tragen. Aber am meisten sind sie den Schmerz leid. Schmerz brennt sich ins Gedächtnis ein, sowohl bei dem, der den Schmerz ertragen muss, als auch bei denen, die die Person ertragen müssen. Ich warte auf dasselbe, dass der Schmerz mich zu Fall bringen wird. Warte und warte. Es ist so still, kommt er nicht bald? Der Schmerz hält seine Hand über mich, lässt mich auf den nächsten Schlag warten. Der Körper verknotet sich zu einer Schleife. Ist das der Grund, warum meine ganze Unterwäsche mit kleinen Schleifen verziert ist? Das ist mein Symbol, der Knoten, der auf den Schmerz wartet. Ich stehe beim Ausgang, an die kalte Glaswand gelehnt. Die Patientinnen applaudieren, die Kinder verneigen sich. Ein kleiner Junge tritt aus dem Chor, bleibt nur wenige Schritte vor dem Publikum stehen. Der Pianist spielt die Ouvertüre zu Panis Angelicus. Der Junge singt mit glockenheller Stimme. Er bewegt sich hin und her, formt seine Hände zur Musik. Hebt die Arme und riskiert, sich zu blamieren. Die Augen des Patienten, der dem Jungen am nächsten sitzt, haben einen entsetzten Ausdruck. Als wäre ihm das, was er am meisten vermisst, plötzlich zu nah. Es ist Donnerstag. Der Filmstar war heute nicht da, das nervt mich. All die Arbeit umsonst. Das Beruhigungsmittel von gestern Abend: reine Verschwendung. Meine Schultern fühlen sich an wie Äste im Wald, die sich unter dem Gewicht des Schnees biegen.

Es ist Samstagmorgen. Ich halte Johannes' Hand, ziehe ihn regelrecht hinter mir her durch den Schnee. Wir sind spät dran, er hat einen Termin bei der Friseurin. Seine Haare sind lang, er sieht aus wie ein Prinz. Wir sind die erste Kundschaft des Tages. Die Friseurin fragt, welchen Haarschnitt Johannes haben möchte, Johannes sagt: Kurz an den Seiten. Ich sehe sein Köpfchen aus dem Friseurumhang ragen, er lächelt mich im Spiegel an. Die Friseurin sprüht Wasser in seine Haare. Ich studiere sein Gesicht nach Anzeichen von Unbehagen. Er lächelt wieder, hat die Hände über seinem Umhang gefaltet. Dann schließt er die Augen. Dass er so viel Vertrauen zeigt, macht mich glücklich. Dass meine strengen Grenzen nicht auf ihn abgefärbt haben. In einem solchen Stuhl zu sitzen, bedeutet, sich jemand anderem auszuliefern und zu unterwerfen. Johannes senkt den Kopf, wenn die Friseurin ihn darum bittet. Er hat eine Tasse Kakao bekommen, sie steht auf einem kleinen Tisch neben ihm. Jedes Mal, wenn die Friseurin etwas holen geht, beugt er sich vor und nimmt große Schlucke aus der Tasse. Draußen auf der Straße öffnen gerade die anderen Geschäfte. Es schneit. Die Friseurin holt den Rasierer. Aufmerksam studiere ich Johannes. Er schweigt, als die Friseurin mit der Maschine über seinen Kopf fährt. Große Haarbüschel landen auf dem Boden, ich möchte sie aufheben und in einer Tüte mit nach Hause nehmen. Dann werden ihm die Haare gewaschen, ihm ist ein Kissen untergelegt worden, damit er hoch genug im Stuhl sitzt. Ich beobachte all das im Spiegel. Die Friseurin nimmt sich Zeit und massiert Nacken und Stirn. Als sie sich über ihn beugt, öffnet er die Augen und lächelt sie an. Ich kann gar nicht fassen, dass er mein Kind ist, dass ich ihn so gemacht habe. Dass er vertrauensvoll und sicher ist. Schließlich färbt sie einen grünen Streifen in seinen Pony. Er sieht cool aus. Ich sehe ihm an, wie stolz er ist und dass er sich gut fühlt. Obwohl ich diesen Anblick schrecklich finde. Er sieht aus wie ein Mann. Ich muss die runden Wangen berühren, um zu spüren, dass er noch da ist. Ich bezahle, er ist glücklich. Wir gehen in ein Café und kaufen Vanilleschnecken. Ich kann nicht aufhören, ihn anzustarren, seinen

Nacken, der plötzlich zu sehen ist. Der kleine Mann. Ich mache ein Foto von ihm mit meinem Handy.

Am Montagmorgen sehe ich den Filmstar über den Parkplatz schlurfen. Diesmal mit weißen Lilien in Zellophan und Seidenpapier. Der Strauß erinnert mich an die Blumen, die ich sonst auf Beerdigungen sehe. Ich schließe mich im Medikamentenlager ein, atme tief durch und bereite die Dosen für den Tag vor. Ich frage mich, ob ich zu unberechenbar bin, um irgendjemanden außer mich selbst mit Medizin zu versorgen. Atme wieder tief ein und summe ein wenig vor mich hin. Höre das Quietschen von Crocs im Flur. Er ist freigesprochen worden, bete ich mir vor. Es ist sein gutes Recht, mit seinen Beerdigungssträußen durch die Gegend zu laufen. Ich gönne es denjenigen, die vergewaltigt haben, ihr Leben weiterzuleben, ja, das tue ich. Ich mache die Pillendöschen zu und schließe den Raum ab. Schiebe mir die Schlüssel zwischen die Finger und balle eine Faust, sodass der Schlüsselbund an eine Waffe erinnert. Gehe so durch die Flure, mache Jagd auf den Filmstar. Er ist nicht im Gemeinschaftsraum, wo er sonst immer sitzt. Ich reiße die Tür zum Zimmer seiner Schwester auf, es ist leer. Der Strauß steht einsam in einer Vase auf dem Nachttisch. Ich laufe hinaus ins Foyer, sehe ihn gerade noch durch die Glastüren verschwinden.

Mit den Händen in den Taschen überquert er den Parkplatz, schließt seinen Wagen auf und steigt ein. Ich drücke auf den Türöffner, die Glastüren schieben sich auf, die kalte Luft lässt meinen Puls steigen. Jetzt sieht er mich, er hebt die Hand zum Gruß. Verwundert schaut er mich an und lässt das Autofenster herunter. Haben Sie es getan? Entschuldigung?, fragt er. Was glauben Sie, wovon ich spreche? Ich weiß nicht, antwortet er. Ich sehe, wie sich sein Blick verhärtet. Haben Sie jemanden vergewaltigt?, frage ich mit zitternder Stimme. Er dreht sich von mir weg, lässt das Fenster hochfahren und startet den Wagen. Parkt rückwärts aus und rast davon. GIB ES ZU!, brülle ich dem Auto hinterher. Die Motorengeräusche werden immer leiser, bis sie in der Ferne verschwinden. Ich gehe zu einer Mülltonne, trete mit aller Wucht dagegen. Nichts passiert. Nehme etwas Schnee vom Boden, schmeiße ihn wieder runter. Drehe mich um und sehe eine Kollegin und eine Patientin im Foyer. Sie stehen Arm in Arm da und sehen zu mir. Die Kollegin winkt. Ich winke zurück, ein Teil von mir glaubt, dass sie mich sicher verstehen kann. Ich gehe zurück zur Station und hoffe, dass mich nicht noch mehr Leute gesehen haben. Spüre, wie sich eine Art Frieden in mir ausbreitet. Ich habe gesagt, was ich sagen wollte. Habe etwas gezeigt, was wahr ist, das letzte Mal ist lange her.

Wie gut, dass ich in einer Zeit lebe, in der es etwas so Beruhigendes wie Shopping gibt. Ich muss nicht in einer Höhle liegen und das Kind des Mannes zur Welt bringen, der mich vergewaltigt hat. Ich bin so privilegiert, weil ich das erleben darf. Am Abend fahre ich in ein Einkaufszentrum. Es hat bis Mitternacht geöffnet, das ist das Beste an der Adventszeit. Überall Licht und Menschen. Dinge, die man kaufen kann. Ich existiere, solange ich konsumieren kann. Höre ein Radiointerview mit Niki de Saint Phalle. Sie verließ ihre Kinder, um die große Künstlerin zu werden. Später baute sie mütterliche Figuren, Nanas, mit runden, glücklichen Körpern. Genug Mütter für alle. Sie war wirklich groß, ihre Skulpturen haben auf der ganzen Welt physischen Raum eingenommen. Sie stehen in Parks. In einem Park in Hannover hat sie eine Grotte gebaut, die immer da ist, auch nachts, obwohl der Park in der Nacht kein Ort für Frauen ist. Ihre Stimme ist brüchig, wie so häufig bei älteren Frauen. Klingt meine Stimme auch so? Das Interview ist auf Französisch, ich muss mich konzentrieren, um die Wörter auseinanderhalten zu können. Im Einkaufszentrum sind viele Leute, die meisten allein. Ich kaufe die Geschenke, die ich brauche, bevor ich in das große Lebensmittelgeschäft gehe. Der Einkaufswagen rollt langsam an den Regalen vorbei, die ganze Zeit spricht Niki in mein Ohr. Obwohl ihre Stimme spröde ist, klingt sie autoritär. Ist sicher in dem, was sie sagt, nimmt sich Zeit zum Nachdenken. Es ist die absolute Balance zwischen dem Zerbrechlichen und dem Sicheren. Ihr Vorname war Catherine-Marie-Agnès Fal de Saint Phalle. Ich frage mich, ob Catherine-Marie-Agnès einen Staudamm für ihre Erinnerungen gebaut hat. Ob sie erst zu Niki wurde, als dieser Damm brach. Sodass Wut und Wahnsinn in ihr wüten durften, sie jedoch keine Lücke mehr war, durch die alles hindurchdrang, sondern sie selbst die Quelle ihrer Wut sein konnte. Ich bin weniger neugierig auf das Thema Vergewaltigung als auf alles andere. Auf ihre Kraft, die nie verschwunden ist. Dass es möglich ist, größer zu sein als ein solcher Vorfall. Sie erzählt von ihrem Tarotgarten, dort hat sie ihr eigenes Refugium gebaut. Wenn ich dorthin reise, dann nicht, weil sie die Last dieses Vorfalls mit sich herumgetragen hat, sondern um zu sehen, dass es mehr gibt als nur das. Das. Ich kann dieses Wort nicht ausstehen.

Vor dem Einkaufszentrum steht ein Riesenrad. Hunderte von kleinen Glühbirnen beleuchten den Parkplatz. Ich bleibe stehen, beobachte die Menschen in der Schlange. Die meisten sind Paare oder Jugendliche. An einem kleinen Stand kann man Brezeln und Zuckerwatte kaufen. Alles wirkt so fröhlich. Vielleicht sollte ich es versuchen? Ich stelle mich an, obwohl ich mehrere Einkaufstüten in der Hand halte. Der Mann, der das Riesenrad steuert, ist als Weihnachtsmann verkleidet. Sein Anzug ist aus synthetischem Stoff, das erinnert mich an meine Kindheit und nasse Acrylhandschuhe. Ich rieche den Duft von Zucker und Benzin. Muss daran denken, was ich über das Gehirn gelesen habe. Dass man jeden Tag einen anderen Weg zur Arbeit nehmen soll. Vielleicht können solche spontanen Karussellfahrten das Hirn auf eine neue Spur bringen, es mit der realen Welt verbinden. Im Moment ist die Erinnerung ein Segel, das mich zurückzieht. Manchmal hängt das Segel schlaff, dann bläst es sich wieder auf, doch es ist immer da. Mein Handy vibriert in der Jackentasche, aber ich habe beide Hände voll mit Einkaufstüten. Außerdem bin ich jetzt an der Reihe, der Acrylweihnachtsmann öffnet ein kleines Tor und lässt mich einsteigen. Ich werde einige Meter über den Boden befördert, Eisen und Schrauben knarren. Hier oben ist der Wind stärker. Das Licht der Glühbirnen blendet mich, der Parkplatz wirkt dunkel und still. Ich höre nur das Pfeifen des Windes und das Knirschen des Metalls. Ich zücke mein Handy, um ein Foto zu machen, und sehe, dass Terje angerufen hat. Schicke ihm ein Bild von der Aussicht und schreibe, dass ich ihn später zurückrufen werde. Ich kann es kaum erwarten, ihm von der Karussellfahrt zu erzählen, vielleicht freut es ihn zu hören, dass ein Funken Leben in mir ist.

Auf dem Heimweg denke ich über Dinge nach, die ich aufgegeben habe. Wie Kopfsprünge. Es muss mehrere Jahre her sein, seit ich kopfüber ins Wasser getaucht bin. Ich habe damit aufgehört und dann nie wieder angefangen. Ich versuche mich zu erinnern, wann ich das letzte Mal richtig weit rausgeschwommen bin. Zu einer Insel oder einem Steg am anderen Ufer. Du bist dir sicher, dass du den nächsten Zug noch schaffst und den nächsten. Und du bist dir sicher, hier gibt es eine gute Stelle, um an dieser Insel an Land zu gehen. Hier sind die Felsen nicht zu rutschig oder zu kantig. Du tust es einfach. Einmal bin ich von einem Felsen gesprungen, einem ziemlich hohen. Ich stand lange da und schaute hinab in die dunkle See. Ich hatte Schiss, aber dachte, wenn ich es jetzt nicht tue, dann tue ich es niemals. Johannes saß unten am Strand, er war zu klein, um die physikalischen Kräfte hinter dem, was gleich passieren würde, zu verstehen. Dass ich, wenn ich spränge, für ein paar Sekunden verschwunden sein würde, bevor ich wieder auftauchte. Er wusste nicht, dass ich zurück zum Strand schwimmen würde, zu ihm. Als ich aus dem Wasser auftauchte, war er hysterisch. Was für ein Schock es sein muss, jemanden aus dieser Höhe springen zu sehen, der dann einfach verschwindet. So schnell ich konnte, schwamm ich an Land. Lächelte und winkte, rief Huhu. Die anderen Erwachsenen und ich lachten darüber auf der Fahrt nach Hause.

Ich steige aus dem Bus, gehe die letzten Schritte zum Haus. Terje sieht durch das Küchenfenster, er steht mit gebeugtem Rücken da und schaut konzentriert. Statistisch gesehen ist es zu Hause am gefährlichsten, aber die Angst kommt nicht bis hierher. Es ist, als würde ich zu dieser Insel hinausschwimmen, ich tue es einfach. Und es ist schön. Oft rede ich von Männern, vor denen ich keine Angst habe. Es gibt viele, die meisten. Kumpel aus der Schule. Genug, um einen Gerichtssaal zu füllen. Die Bänke im Gerichtssaal sind lang, an den Seitenwänden sind Balkone angebracht. Alle stehen. Diese Vorstellung kommt mir oft in den Sinn. Eine Liste von Männern, vor denen ich keine Angst habe. An einem Sommerabend ging ich den kurzen Weg vom Bus nach Hause. Im Straßengraben stand ein Mann und wartete auf mich. Er versteckte sich hinter einem Baum, nur seine Beine waren unter den schweren Ästen zu sehen. Mit pochendem Hasenherz ging ich an ihm vorbei, jederzeit bereit loszurennen. Dann sah ich, dass er Kirschen vom Baum aß. Er beachtete mich nicht einmal. Es ist weder der Mann noch das Männliche, wovor ich mich fürchte. Da ist noch etwas anderes, das Unmenschliche im Menschen. Meistens kann ich es nicht einmal sehen, so wie ich auch nicht bis auf den Grund des Meeres sehen kann. Trotzdem gehe ich schwimmen. Hinabgezogen zu werden hat nichts mit Männlichkeit zu tun. Das ist etwas anderes, etwas, was unten in der Tiefe lebt. Für einen kurzen Moment war keiner von uns ein Mensch. Wenn ich mich dazwischen entscheiden könnte, zu vergewaltigen oder vergewaltigt zu werden, würde ich mich für Letzteres entscheiden. Ich habe mehr Mitleid mit ihm als mit mir selbst. Er ist ein Tiefseefisch, entstellt und von der Oberfläche verbannt.

Terje steht in der Küche und schmiert Pausenbrote für den nächsten Tag. Ich beginne langsam mich zu fragen, was er daran attraktiv finden soll, mit so einem Wesen wie mir zusammenzuleben. Ich erinnere mich an einen Sommertag am Strand, das Seidentuch um den gestressten Körper. Ich hatte einen gesunden und sättigenden Salat zubereitet, Bananenmuffins mit Vollkornmehl gebacken und einen Bikini für 1250 Kronen gekauft. Hatte Picknickdecke und Handtücher eingepackt und an alles gedacht. Ich war erschöpft. Konnte den Kindern die Enttäuschung ansehen, als ich sagte, dass ich nicht mit ihnen am Wasser spielen wollte. Terje schien glücklich zu sein, er sagte, ich sähe gut aus im Bikini. Hinter der Sonnenbrille war ich hässlich. Wollte schlafen, konnte aber nicht, musste aufpassen, dass die Kinder nicht ertranken. Wusste, dass die Kinder mir ansehen konnten, dass ich schlecht gelaunt war. Kinder kriegen alles mit. Terje fiel das gar nicht auf, er wirkte zufrieden und legte sich neben mich. Das ist die größte Spaltung innerhalb der Familie. Das Kind hat einen klaren Blick, es nimmt alles wahr. Es kennt jeden einzelnen Fleck auf dem Boden, weiß, was in Schubladen und in Gesichtern liegt. Der Partner hat diesen Blick nicht. Er sieht, was er will oder zu sehen hofft. Früher dachte ich, wir würden uns immer besser kennenlernen. Dass wir uns mit jedem Jahr, das kommt, näher sind als im Jahr zuvor. So ist es jedoch nicht. Manchmal schließe ich die Haustür auf und wundere mich, dass hier noch andere Menschen wohnen, dass sie auch in diesem Haus aufwachen, jeden Tag. Sie sind einfach nie weg. Jetzt fragt er mich, ob wir morgen essen gehen wollen. Das will ich.

Alles gut?, fragt er.

Ja?

Du wirkst so … wenig überschwänglich.

Ich war wohl noch nie besonders überschwänglich.

Doch, warst du mal.

Daran kann ich mich nicht erinnern.

Aber du kommst morgen mit?

Nicht, wenn ich überschwänglich sein muss.

Ich verlasse die Küche, schließe mich im Badezimmer ein. Reinige mein Gesicht und nehme eine Pille. Sie ist rund und glänzend, sieht aus wie eine Perle, wie sie da in meiner Handfläche liegt. Ich putze mir die Zähne und creme mein Gesicht ein. Lege mich im Bett auf den Rücken, um die Gesichtscreme nicht zu verschmieren. Es ist die für 829 Kronen. Bevor ich einschlafe, google ich einen Namen auf meinem Handy. Den Namen seiner Frau. Ich glaube, sie sind verheiratet, weil sie einen Ring am Finger trägt. Sie sieht nett aus. Normal. Hat dickes, braunes Haar. Diese Art von Haar, mit der sie für den Rest ihres Lebens schön aussehen wird. Eine Frisur, die man mit ins Grab nehmen kann. Ich frage mich, warum sie so normal wirkt. So classy. Gesunde Menschen heiraten doch andere gesunde Menschen? Frage mich, wo sie arbeitet und wie sie ihre Wochenenden verbringen. Da steht ihre Telefonnummer. Ich könnte sie einfach anrufen. Ob ich es tun sollte? Ich lege das Handy weg, der chemische Schlaf schleicht sich langsam ein. Terje hat sich neben mich gelegt, sein Display erleuchtet sein Gesicht. Ich freue mich auf morgen, sage ich und schließe die Augen. Ich auch, sagt er. Ich kann überschwänglich sein. Die Schlaftablette löscht ein Licht nach dem anderen in meinen Räumen.

Du?, frage ich.

Ja?, antwortet er.

Stell dir mal vor, wir hätten einen Dobermann.

So einen Kampfhund?

Nein, das ist ein Wachhund. Ich wünschte, wir hätten zwei Dobermänner, sage ich, ehe die Tablette den letzten Raum betritt.

Die Frühschicht macht um vier Feierabend. Ich habe alles vorbereitet, Schlag vier stehe ich auf dem Parkplatz. Schicke eine SMS an Terje, dass ich wegen eines Weihnachtsgeschenks noch mal zu IKEA muss. Rufe im Restaurant an und reserviere einen Tisch für acht Uhr. Vereinbare mit den Mädchen von nebenan, dass sie um sieben kommen. Das alles mache ich, während ich zur nächsten Bushaltestelle eile. Ich nehme den Bus in die Innenstadt. Feierabendverkehr und Weihnachtseinkäufe, die perfekte Zeit, um in der Menge zu verschwinden. Blicke auf die Uhr und auf die große Werbeleinwand an der Fassade vom Oslo City Einkaufszentrum. Das darf ich, denke ich, als ich in einen grünen Bus steige, der mich auf die Autobahn bringt. Er ist voll mit Pendlern und Lieferdienst-Radfahrern, die nach Hause wollen. Alle Passagiere hängen über ihrem Telefon oder lehnen sich an die Fenster. Wir fahren an der Halbinsel Bygdøy vorbei. Der Fjord ist eisbedeckt. Verkrüppelte Birken und Bürogebäude rauschen an den Busfenstern vorbei. Wir halten bei IKEA, aber ich steige nicht aus, bleibe im Bus sitzen, der mich immer weiter aus der Stadt herausbringt. Ich schalte den Ton an meinem Handy aus, habe eine Art Grenze überschritten. Die Autobahn teilt sich, die Straße verdunkelt sich. Ich schließe meine Winterjacke und ziehe meine Mütze tief in die Stirn. Wickle mir den Schal fest um den Hals. Der Bus hält vor einem kleinen Einkaufszentrum mit einem Lebensmittelgeschäft, einer Apotheke und einem Blumenladen. Ich und einige andere steigen aus. Sie verschwinden schnell, ich bleibe unter einer Straßenlaterne stehen. Spüre den feuchten Atem in meinem Schal. Gehe an den Läden vorbei, einen Hügel hinauf, der Weg wird rechts und links von quadratischen Reihenhäusern gesäumt. Vor den Türen stehen Skier und Schlitten, elektrische Garagentore öffnen und schließen sich. Hier wohnt er. Mein Räuber. Der sich an mir vergangen hat, mir meinen freien Willen abgesprochen hat. Der Schnee knirscht, ein schwarzes Auto gleitet vorbei. Jetzt sehe ich sein Haus, es ist weiß und gewöhnlich. Oben auf dem Hügel drehe ich mich um und schaue hinunter zum Fjord. Er hat eine tolle Aussicht. Vor dem Haus stehen mehrere Paar Ski, dahinter liegt ein kleines Wäldchen, vielleicht geht er dort am Wochenende Ski fahren. Ich bleibe eine Weile dort stehen. Es ist fast halb sechs. Das Licht brennt, aber es scheint niemand da zu sein. Ich werde es sagen. Warum sage ich es nicht einfach? Wenn ich es laut ausspreche, wird es die Wirkung eines Schusses haben. Dieser Schuss wird etwas treffen, was wiederum auf den Schuss reagieren wird, und so wird sich die Wirkung des Schusses ausbreiten. Ich fühle mich kriminell. Ist das hier kriminell? Gerade, als ich überlege zu klingeln, öffnet sich die Tür des Nachbarhauses. Dort steht ein Mann in einer Daunenjacke aus den Achtzigern. Hei, sage ich. Hei, grüßt er und beginnt, Schnee zu schieben. Jetzt spreche ich es aus. Der Mann, der hier wohnt, hat mich vor fünfzehn Jahren vergewaltigt. Er ist kriminell, rufe ich. Er hält inne. Schaut zum weißen Haus seiner Nachbarn. Das klingt nicht gut, sagt er. Nein, das war nicht gut, sage ich, drehe mich um und gehe. Hey, Sie!, ruft er. Ich gehe schneller, am Fuß des Berges drehe ich mich um. Er steht dort oben, in seiner pastellfarbenen Jacke. Ich hebe die Hand, ich glaube, es soll bedeuten, dass er sich keine Sorgen zu machen braucht. Dass ich das schon regle, alles unter Kontrolle.

Der Bus fährt erst in zwanzig Minuten. Ich muss hier weg, laufe los zur nächsten Haltestelle. Schaue mich mehrmals um. Ist es illegal, so etwas zu tun? So etwas laut zu sagen, zu einem Nachbarn oder einer Angehörigen? Würde das in einem Rechtsstreit unter Verleumdung fallen? Wenn es nun nicht stimmte, wenn dieser Vorfall einfach nur ein Fall von ungeschicktem Geschlechtsverkehr war? Könnte ja sein, dass ich mich nicht klar genug ausgedrückt habe. Dass er jetzt da oben in seinem Haus steht, in dem guten Glauben, nicht derjenige zu sein, für den ich ihn halte. Habe ich es auch getan? Habe ich einem

Menschen Schmerzen zugefügt, der es nicht verdient hat? Ist das kriminell? Ist es denn so schlimm, vergewaltigt worden zu sein? Ist das, was ich hier tue, schlimmer? Ich laufe durch den Schnee. Ein Teil von mir will umkehren, ich bin noch so nah. Klingeln, reingehen, die Macht an mich nehmen und das Richtige tun. Aber ich gehe zur Haltestelle. Warte dort, bis ich am ganzen Leib zittere. Schreibe eine Nachricht an Terje, sage Bescheid, dass ich auf dem Weg zurück bin. Steige in den Bus, sitze darin mit eiskaltem Körper und riesigen Augen. Stelle mir vor, wie sich das Weiße ausbreitet, bis nur noch zwei weiße Kugeln in den Augenhöhlen sitzen. Im Zentrum gehe ich in einen Bastelladen und kaufe Geschenkpapier, Seidenband und Teelichter. Ich bin durchgefroren und verschwitzt, als ich endlich durch die Haustür komme. Es ist nach sieben, die Kinder sind schon im Bett. Terje schüttet Chips und Süßigkeiten in zwei Schüsseln und stellt sie den Nachbarsmädchen hin, die mit ihren Handys auf dem Sofa sitzen. Totales Chaos in der Stadt heute, sage ich und schiebe die Einkaufstüten in einen Schrank. Ich hoffe, Terje fällt nicht auf, dass sie nicht von IKEA sind. Bist du gleich so weit?, fragt er. Ja, sage ich und gehe ins Bad. Ich springe noch kurz unter die Dusche und trage neue Schminke auf. Ziehe ein weißes Kaschmir-Top und schwarze Hosen an. Als ich fertig bin, gehe ich zu den Nachbarsmädchen und bitte sie, anzurufen, falls die Kinder aufwachen. Habe Terje noch nicht in die Augen gesehen. Tatsächlich kann ich mich nicht erinnern, wann ich das das letzte Mal getan habe. Wir gehen in den Flur, ziehen unsere Winterschuhe und Winterjacken an, meine ist innen noch klamm. Draußen auf der Straße nimmt er meine Hand, das tut er immer. Der Schnee ist grau und schwer. Er fragt, ob wir den schönen Weg nehmen sollen. Der schöne Weg ist ein kleiner Umweg durch einen Park mit einem Pavillon und fünf großen Kastanien. Einen kleinen Spielplatz gibt es auch, mit Bänken drum herum. Im Sommer versammeln sich vor allem Drogenabhängige im Pavillon. Sie tragen moderne Turnschuhe, unbeabsichtigt. Jetzt ist der Park menschenleer, abgesehen von uns beiden. Ich frage, ob Terje einen schönen Tag hatte. Er sagt, er habe sich den ganzen Tag hierauf gefreut. Ich mich auch, sage ich. Bin ausgelaugt von all dem Adrenalin. Vielleicht sage ich es ihm heute Abend. Ich bin früher mal ein bisschen vergewaltigt worden, habe gehofft, die Erinnerung daran würde verblassen. Das ist sie aber nicht.

Wir haben unseren Lieblingstisch in dem französischen Bistro reserviert. Er ist in einer kleinen Ecke des Lokals, dort sind wir ungestört. Von der Decke hängt bunter Weihnachtsschmuck aus Seidenpapier. Ich blättere in der Speisekarte, bin in Gedanken bei dem Mann in der Daunenjacke. Ob er jetzt wohl darüber nachdenkt? Ich male mir die unterschiedlichsten Szenarien aus, vielleicht hat er die Polizei gerufen oder nebenan geklopft. Dieser absurde Gesichtsausdruck und diese blöde Jacke. Haha. Ich muss grinsen. Was denn?, fragt Terje und grinst auch ein bisschen. Mir ist gerade wieder eingefallen, was ein Patient heute zu mir gesagt hat. Aber es war nichts Besonderes, sage ich, ohne den Blick von der Speisekarte zu nehmen. Die Bedienung kommt mit zwei Bieren an unseren Tisch. Wir stoßen an. Nach diesem Bier werde ich es ihm sagen. Wir sprechen über die Kinder und über Renovierungsarbeiten. Wenn wir diesen Winter die Waschküche sanieren, können wir uns im Sommer um das Bad kümmern. Das wird aufregend, sage ich und trinke einen Schluck von meinem Bier. Unser Essen kommt, und das Gespräch wird unterbrochen. Ich lasse meinen Blick zu den anderen Tischen im Restaurant wandern, an allen sitzen Paare, die gelangweilt aussehen. Ein Paar am Fenster schaut in entgegengesetzte Richtungen. Ich muss an Johannes' Eisenbahn denken, wie es sich anfühlt, zwei Magneten aneinanderzuhalten, die sich abstoßen. Vielleicht wissen sie schon alles voneinander. Oder ist es die monogame Endstation, dass man irgendwann nichts mehr über den anderen wissen will? Was, wenn Terje gar nicht wissen will, was ich ihm zu erzählen habe? Wenn ihm das zu heftig ist? Jetzt läuft »Everybody Hurts« im Hintergrund. Da kann ich vergessen, es ihm zu erzählen. Die Bedienung kommt zurück an unseren Tisch. Bei Ihnen alles in Ordnung?, fragt er. Ich habe ein Haar im Mund. Ich lächle ihn an, Essen im Mund, Haar im Rachen. Spucke alles in eine Serviette, sobald er sich umgedreht hat. Ich habe dieses Restaurant immer geliebt, aber jetzt fällt mir auf, wie billig alles ist. Die karierten Tischdecken sind aus Plastik, die Pflanzen auch. Die Fugen des Fliesenbodens sind dunkel verfärbt und schmuddelig von all den Winterschuhen. Wenn ich es jetzt sage, werde ich nie wieder hierher zurückkehren können. Das wäre okay. Ich schaue zu Terje, er scheint das Essen zu genießen. Ich will die Stimmung nicht vermiesen. Winke der Bedienung zu. Willst du Wein?, frage ich. Eigentlich nicht, sagt Terje. Wir nehmen eine Flasche und sehen dann, was passiert, sage ich an die Bedienung gewandt. Die Flasche kommt, der Kellner gießt den Wein in zwei Gläser. Ich trinke mein Glas schnell leer, dann gleich noch eins. Ich will das Zittern loswerden, das in meinem Körper sitzt, seit ich auf sein Haus zugegangen bin. Versuche, mich auf das Essen zu konzentrieren, aber es schmeckt nach nichts. Vielleicht müsste ich mal allein ins Restaurant gehen, vielleicht esse ich eigentlich gar nicht so gern mit anderen Menschen zusammen. Bin dann nämlich immer nur mit den anderen Leuten im Raum beschäftigt, überlege, ob ich schneller oder langsamer essen sollte. Die Bedienung steht hinter der Bar und trinkt eine Cola. Er starrt ins Leere, lächelt gelegentlich vor sich hin. Es tröstet mich ein wenig, dass er nicht recht anwesend ist, sondern an einem Ort, der ihn zum Lächeln bringt. Doch dann bemerkt er meinen Blick und eilt auf unseren Tisch zu. Alles gut bei Ihnen?, fragt er. Alles gut, antworte ich. Kann er es mir ansehen?

Als die Weinflasche leer ist, trinke ich Terjes Glas aus. Er sagt, ich soll an morgen denken. Morgen habe ich frei, sage ich. Wir bezahlen und gehen nach Hause. Fühle mich jetzt besser. Ich sollte öfter trinken, sage ich zu Terje im Taxi. Als wir die Haustür aufschließen, sitzen die Nachbarsmädchen noch genauso da, wie wir sie verlassen haben. Wie immer: Jede mit ihrem Handy, jede in einer Ecke des Sofas. Die Schale mit den Süßigkeiten ist leer. Ich gebe ihnen den vereinbarten Geldbe-trag und frage, wie es in der Schule läuft. Vielleicht sollte ich fragen, ob ihre Generation auch durch Pornos verdorben wird, was sie sich da auf ihren kleinen Bildschirmen angucken? Will ihnen sagen, dass sie die gefährlichen Dinge ausprobieren sollen. Geht nachts raus, fahrt in größere Städte, gefährliche Städte. Geht in Wälder ohne Männer, übernachtet dort, ohne euch zu gruseln. Aber sie stehen auf, ich frage sie, ob ich sie nach Hause bringen soll. Ja, antworten sie. Wir gehen in den Flur, ziehen unsere Jacken an. Es ist eine frostige Nacht. Die Mädchen tragen die gleichen Turnschuhe. Eine von ihnen gähnt, ich hoffe, es ist nicht zu spät geworden, sage ich. Nein, nein, sagt sie. Drü-ben vor ihrem Haus verabschieden wir uns, ich sehe, wie sich jemand hinter der Gardine bewegt. Danke für eure Hilfe, füge ich noch hinzu, dann gehe ich zurück. Nach ein paar Glas Wein habe ich keine Angst mehr, allein unterwegs zu sein. Das Gegenteil sollte der Fall sein, ich weiß. Ich stehe eine Weile vor unserem Haus. Blicke die Straße hinun-ter. Alles in Ordnung. Eine gemütliche Straße mit schneebedeckten Apfelbäumen und Johannisbeersträuchern. Adventsbeleuchtung in allen Fenstern. Da ist das Backsteinhaus, warmes Licht scheint aus allen Fenstern. Jemand hat ein Filztuch über die Rosenhecke gelegt, damit sie den Winter übersteht. Da ist jemand sehr fürsorglich ge-wesen, der Schnee legt sich als zusätzliche Decke darüber. Jetzt hätte ich gern die beiden Dobermänner bei mir. Mit ihnen könnte ich im Park joggen gehen, wann immer mir danach ist. Ich würde sie Gucci und Niki taufen. Dafür sorgen, dass ihr Fell glänzend und rein bleibt. Sie im Flur hinter der Haustür schlafen lassen. Ich könnte sie über-allhin mitnehmen, könnte im Wald hinter seinem Haus mit ihnen Gassi gehen. Jeden Sonntag dort spazieren und dafür sorgen, dass er uns sieht. Vielleicht hat er gedacht, Opfer zu sein bedeutet, ein guter Mensch zu sein.

Es ist Morgen. Mein freier Tag. Das Haus ist leer, nur die leichten Kopfschmerzen sind zu Gast. Es ist lange her, seit ich in einem stillen

Haus aufgewacht bin, es erinnert mich an all die Jahre, in denen ich in einer Studentenbude gelebt und schweigend an meinem Schreibtisch gefrühstückt habe. Ich stehe auf und schalte das Radio ein. Schicke einen Artikel über den Tarotgarten in der Toskana an Frances. Frage sie, ob sie schon mal dort gewesen ist, ob sie sich vorstellen könnte, mit mir hinzufahren. Ich schmiere mir zwei Brote, stehe am Fenster, während ich sie verschlinge, aus alter Gewohnheit. Ziehe mir die wärmsten Klamotten an, die ich habe. Es hat geschneit heute Nacht, alles sieht ein bisschen schöner aus. Ich nehme eine Straßenbahn in die Stadt, der Berufsverkehr ist vorbei. Sehe matte Blicke und hängende Schultern. Ich gehe an den Hochhäusern vorbei Richtung Hafen. Dünne Eisschollen schaukeln auf dem Wasser auf und ab. Ein älterer Herr steht an der Hafenkante und füttert Enten. Er trägt einen braunen Mantel und weiße Ledermokassins. Dünne Beine in braunen Stützstrümpfen. Die Brotstücke holt er aus einer braunen Papiertüte. Alles ist braun. Auf dem schrägen Dach der Oper steht eine Gruppe Touristen um einen Guide. Er hält einen roten Regenschirm in die Luft. Die Marmorplatten sind glatt, die Touris halten sich auf dem Weg hinauf aneinander fest. Ich folge ihnen. Ganz oben pfeift mir der Wind um die Ohren. Die Hochhäuser auf der einen Seite, der Containerfjord auf der anderen. Meine Stirn wird eiskalt, so kalt, dass ich sie mit der Hand wärmen muss, als ich das glatte Dach wieder hinuntergehe. Unten angekommen betrete ich das Opernhaus, spaziere ein bisschen im Foyer herum, gehe bei den Toiletten vorbei. Ich möchte einfach eine Zelle sein, die sich durch ein schönes Gebäude bewegt. Kann mich nicht entscheiden, ob ich ein Glas Wein im Restaurant trinken oder noch mal zu seinem Haus fahren soll, draußen warten, bis er kommt. Mit ihm reden, ihm sagen, was er getan hat. Ihn wissen lassen, dass ich ihn jederzeit auffliegen lassen kann. Ist das schlimm? Ist es nicht schlimmer, die Geschichte so lange mit sich herumzutragen, wie ich es getan habe? Denn so fühlt es sich an. Eine Seitwärtsbewegung von der Anzeige zum Angriff. Ich bin diejenige, die den Splitter in der Granate hält. Vielleicht würden die bei der Notfallsprechstunde für Vergewaltigungsopfer sagen, dass ich mich irre, dass ich genauso gut und rein bin wie zuvor. Ein Jurist würde vielleicht sagen, ich hätte eine Verantwortung. Und was würde *er* sagen? Mein Räuber. Ich denke, er würde Folgendes sagen:

das war ein Missverständnis
hört sich schlimmer an, als es war
schade, dass ich es so erlebt habe
aber ich hätte ja mitgemacht
war keine Absicht
ist vielleicht ein bisschen zu weit gegangen
ich sei diejenige gewesen, die mit zu ihm nach Hause wollte
was hätte ich denn geglaubt, würde dort passieren?

Oder bin ich diejenige, die das sagt? Vielleicht sind das auch meine Gedanken. Oder vielleicht denke ich das über andere Opfer. Darf ich überhaupt Opfer sagen? Vielleicht sagt man inzwischen gar nicht mehr Opfer. Man sagt Überlebende. Das klingt nicht so gut, ich habe Lust, Opfer zu sagen, muss aber den Begriff Überlebende verwenden. Als müsste es wehtun, das Wort auszusprechen, als wäre es ein Teil der Strafe. *I'm a survivor.* Es soll wehtun, egal wie man es sagt. Es ist so peinlich, vergewaltigt worden zu sein. Alle, die ich kenne, die vergewaltigt worden sind, hören nie auf, die Vergewaltigten zu sein. Das nervt.

Ich gehe zum Busbahnhof, zu den grünen Bussen. Laufe durch die Wartehalle und kaufe eine Sonnenbrille. Schiebe sie in meine Tasche und sage, dass ich keine Quittung brauche. Ich werde mich ihm nähern, vorsichtig, vorsichtig. Und dann werde ich mit ihm reden. Mir anhören, was er dazu zu sagen hat. Ich denke ihn mir als kleinen Jungen, werde ihm zuhören, so wie ich Johannes zuhöre. Werde herausfinden, was ihn zu diesem Menschen gemacht hat. Wenn ich es schaffe. Bei anderen kriege ich das hin. Ich kann mir Filme von

Sexisten ansehen und Bücher lesen, die von Idioten geschrieben wurden. Kann akzeptieren, dass sie die eine Sache gemacht haben, aber auch andere. Bei ihm kann ich das nicht. In ihm sehe ich nur den Dämon. Der Gedanke daran, dass er dort draußen existiert, ist kaum auszuhalten, dass er warm ist, und wertvoll für jemand anderen. Vielleicht hat er eine Therapie gemacht, einem besseren Menschen die Geschichte aus seiner Perspektive geschildert. Vielleicht hat der Therapeut ihn als ein Ganzes gesehen, nicht dämonisch und zweidimensional. Ich stelle mir gerade vor, dass seine Version da draußen existiert. Dass sein Therapeut mit anderen Therapeuten darüber gesprochen oder sich dazu Notizen in seine Patientenakte gemacht hat. Und diese Akte liegt vielleicht in einem verschlossenen Aktenschrank oder auf einer verschlüsselten Festplatte. Mein Schicksal eingeschlossen in seinem. Sollte ein solches Dokument existieren, würde ich es gerne lesen. Würde gerne wissen, wer er ist, wo seine Grenzen verlaufen und wann er selbst zu einem Unfreiwilligen geworden ist. Das muss er doch gewesen sein, denke ich, als ich die Rolltreppe nach unten nehme. Die Hände in meinen Jackentaschen sind kreideweiß. Ich umklammere die Sonnenbrille. Ich will mich nur ein bisschen nähern. Es einfach laut aussprechen, ohne Drama. Ohne dass Polizeiautos in seine Auffahrt einbiegen, ohne dass er seinen Job verliert, seine Frau und seine Kinder. Wenn ich mich heranschleiche, muss ich kein Opfer sein. Dieses kleine bisschen Macht habe ich, ich kann es aussprechen, wann immer ich will.

Ich warte auf das grüne Ampelmännchen. Der Wind ist stärker geworden, die Passanten drängen sich enger aneinander. Ich schiebe mich durch die Menge, muss noch eine letzte Sache erledigen, bevor ich ihn treffe. Ich habe lange darüber nachgedacht, wie ich bei diesem Treffen sein soll. Was will ich anziehen, wie will ich riechen. Im Jahr nach dem Vorfall saß ich in der Bibliothek und schrieb an einer Hausarbeit. An einem späten Nachmittag nahm ich einen Geruch wahr. Etwas, was in dem Raum störte, der sonst nach trockenem Papier, Stein und Holz roch. Ich hatte gerade die kleine grüne Leselampe an meinem Platz angeschaltet, als mich ein Parfum aus der Konzentration rüttelte. Es rüttelte nicht nur, es packte mich am Hals, legte sich auf mich und verwandelte den Inhalt meines Magens in Erbrochenes. Es war sein Parfum. Wie versteinert saß ich da, sah vorsichtig von einer zur nächsten Person. Blickte mir über die Schulter. Stand auf und ging hinaus in den Korridor, versicherte mich, dass er sich nicht in diesem Gebäude aufhielt. Wanderte durch die Regalreihen wie eine Detektivin. Nach einer Weile kehrte ich zu meinem Platz zurück, wusste nicht, ob das Parfum im Raum hing oder ob es eine Erinnerung war, die zu mir zurückgekommen war. Sah zu allen weiblichen Personen um mich herum, sie hingen über ihren Büchern oder Tastaturen. Keine von ihnen schien sich an dem Geruch zu stören. Fünf Männer waren anwesend. Der erste kniete zwischen zwei Regalen, blätterte in einem riesigen Buch, das er auf den Boden gelegt hatte. Der andere saß in einem der Sessel an der Tür und las Zeitung. Die anderen drei saßen, so wie ich, an Tischen, in ihre Arbeit vertieft. Ich stand auf und tat so, als würde ich auf meinem Handy eine Nachricht tippen. Ging langsam durch alle Reihen, atmete, so leise ich konnte, ein. Musste ein bisschen hin- und herwandern, bevor ich mir sicher war. Es war der Typ zwei Reihen hinter mir, er hatte nur eine Thermoskanne und einen Notizblock dabei. Ich zog wahllos ein Buch aus einem Regal und blätterte darin, während ich ihn im Halbprofil beobachtete. Wenn ich lange genug so dastand, würde der Griff des Parfums um meine Kehle langsam nachlassen. Es würde zu einer neuen Erinnerung werden, die Erinnerung an diesen ungefährlichen Lesesaal. Ich spürte, dass ich mich übergeben könnte, wenn ich wollte, es aber auch unterdrücken konnte. Wie gut, dass ich meinen eigenen Würgereflex unter Kontrolle zu haben schien. Er sah so harmlos aus, eine schwarze Winterjacke hing über seiner Rückenlehne. Der Notizblock war klein, wie der eines Journalisten. Vielleicht war er Journalist? Was für ein merkwürdiger Anblick, die große Thermoskanne und der kleine Block. Ich wanderte ein wenig durch den Raum, zog Bücher aus den Regalen, stellte sie wieder zurück. Erwog, meine Sachen zu packen und zu gehen, aber den Namen des Parfums zu erfahren, kam mir plötzlich sehr wichtig vor. Nach einer Weile ging ich zu ihm rüber und lächelte. Entschuldigung? Das ist vielleicht eine komische Frage, aber welches Parfum benutzt du?, fragte ich leise. Sein Blick flackerte, er wirkte verlegen, sagte mir aber den Namen. Entschuldigte sich, weil er nicht wusste, wie man ihn richtig ausspricht, schrieb den französischen Namen auf seinen Block, riss das Blatt heraus und gab es mir. Vielen Dank, ich musste es einfach wissen, flüsterte ich, faltete den Zettel zusammen und schob ihn in meine Tasche. Ging zurück zu meinem Platz und versuchte, mich wieder meiner Hausarbeit zu widmen. Verlor immer und immer wieder die Konzentration. Zwang meine Finger dazu, die Tasten zu drücken, einfach nur irgendwas zu schreiben. Die Erinnerung hatte ich weggesperrt, damit ich Dinge wie diese hier tun konnte. Hausarbeiten schreiben, einkaufen gehen, abends einschlafen. Trotzdem fand sie immer wieder neue Wege in mein Bewusstsein. Diesmal in Form eines Dufts. Ich überlegte, hinaus auf die Straße zu laufen, wollte irgendwas in die Finger bekommen, was mir dabei half, meine Konzentration zurückzuerlangen. Ich überprüfte meinen Kontostand und verwarf den Gedanken sofort wieder. Stand auf und gähnte. Trank eiskaltes Wasser und schob mir einen Snus unter die Lippe. Steckte mir die Kopfhörer ins Ohr und machte eine Hip-Hop-Playlist an. Ich musste heute Abend abgeben. Presste aus mir heraus, was ich hatte, wiederholte, dass man mit mir kein Mitleid zu haben brauchte. Ich muss reinhauen, dachte ich und schrieb die Hausarbeit. Alle müssten reinhauen. Drehte mich zu dem Typen mit dem Journalistenblock um, er saß immer noch da. Fick dich, dachte ich. Als ich endlich meinen Laptop zuklappen und meine Jacke anziehen konnte, kam er zu mir rüber. Er gab mir einen zweiten Zettel, darauf Name und Telefonnummer. Ruf mich an, wenn du willst, sagte er. Ich nahm den Zettel und bedankte mich. Angerufen habe ich ihn nie.

Ich betrete die Parfümerie. Die Mitarbeiterinnen tragen Weihnachtsmützen und kurze rote Röcke. Hilfe bei der Suche nach dem richtigen Parfum bekomme ich von einer jungen Frau mit schwarzem, glitzerndem Lidschatten. Sie hat nachgezogene Augenbrauen und bemalte Haut. Die Lippenkonturen sind übermalt, ohne Rücksicht auf das, was darunter ist. Vielleicht ist das Freiheit, sich nicht hinter stumpfen Brauntönen und Nadelstichen verstecken zu müssen. Einfach den Pinsel schwingen, sich mit harten Konturen ein neues Gesicht zeichnen. Sie schließt einen Schrank auf und nimmt den Flakon heraus. Soll es ein Geschenk sein?, fragt sie. Nein, ich will es erst mal testen. Ist es für Sie? Ja, ich finde maskuline Düfte oft angenehmer, antworte ich. Ja, nicht wahr?, sagt sie und reicht mir das Parfum. Ich sprühe es mir an den Hals, in den Nacken, aufs Handgelenk und hinters Ohr. Will mir ganz sicher sein, dass er es wiedererkennt. Dass er weiß, wer er ist und was er getan hat. Die Mitarbeiterin schaut mich mit kaum verhohlener Skepsis an. Ich will mir sicher sein, bevor ich es kaufe, sage ich und sprühe einen letzten Spritzer auf meine Jacke. Absolut, sagt sie und lächelt. Ich gebe ihr den Flakon zurück und verlasse das Geschäft. Wann immer ich an einem Flughafen bin, nehme ich das Parfum aus dem Regal und schnüffele vorsichtig daran. Es riecht sanft und fichtenartig. Süß und kühl zugleich. Ich schiebe mich durch die Menschenmenge, Jussi Björling dröhnt in meinen Ohren. Am Ausgang des Einkaufszentrums stehen zwei Frauen in leichten Daunenjacken und High Heels. Möchten Sie einem bedürftigen Kind ein Geschenk machen? Natürlich, sage ich. Eine der beiden zeigt mir einen Weihnachtsbaum, an dem ungefähr fünfzig kleine Zettel hängen. Jeder Zettel ist für ein Kind. Auf ihnen steht sein Alter, Geschlecht und was es sich wünscht. Sie pflückt die Zettel vom Baum, mir fallen ihre Nägel auf. Lang und rosa und mit kleinen Diamanten an den Spitzen. Ich blättere durch die Wunschzettel. Junge, 5 Jahre, Schneeanzug. Mädchen, 16, Make-up. Mädchen, 6 Monate, Wollsachen. Junge, 11, coole Schuhe Größe 38. Sie können so viele Geschenke kaufen, wie Sie wollen, sagt sie. Ich schaue auf die Uhr, der nächste Bus fährt erst in einer Stunde. Okay, sage ich und drehe mich um. Gehe zuerst in ein Bekleidungsgeschäft, kaufe einen Schneeanzug und Babywolle. Zurück in die Parfümerie, kaufe Schminke für die Sechzehnjährige. Mascara, einen guten Eyeliner, weiche Pinsel und braune Toner. Dann die Schuhe. Es muss schon ein paar Turnschuhe sein, Turnschuhe sind cool. Vielleicht schwarze Adidas, mit ein paar warmen Socken kommt man damit durch den Winter. Ein junger Mann packt sie in einen Karton. Als die Schuhe so in ihrem Karton liegen, sehe ich vor mir, wer sie kriegen wird. Ich sehe seine Beine, die schwarzen Socken, kurze Sporthose. Der Schuhverkäufer legt das Seidenpapier über die Schuhe und kommentiert, wie toll sie seien. Es riecht nach Leder, Gummi und nach sehr starkem Parfum. Er klebt einen Umtauschzettel auf den Karton und packt ihn in goldenes Papier ein. Ich gehe zurück zu den Frauen am Weihnachtsbaum. Hier, sag ich. Die Frau mit den rosa Nägeln bittet mich, die passenden Zettel mit Alter, Geschlecht und Wunsch an den Geschenken zu befestigen. Ist das nicht ein bisschen komisch?, frage ich. Wir müssen ja die Geschenke zuordnen können, erwidert sie. Ob die Kinder das so toll finden? Wollen Sie ein Geschenk bekommen, auf dem steht: Frau, 45, Nagellack?, frage ich gereizter, als ich eigentlich sein wollte. Wir versuchen hier nur ein Zeichen zu setzen, erwidert sie. Macht's besser. Wie bitte? Die ganze Magie wird durch diesen Zettel zerstört, sage ich. Wir nehmen das zur Kenntnis und werden es für die Aktion im nächsten Jahr berücksichtigen. Gut, sage ich und gehe durch die großen Glastüren hinaus auf die graue Straße. Bereue, dass ich so viel Geld für die armen Kinder ausgegeben habe. Jemand hätte dafür sorgen müssen, dass sie überhaupt gar nicht erst arm sind.

Der Bus ist abgefahren. Ich setze die Sonnenbrille auf. Das Parfum lässt die Lichter der Straßenlaternen blinken. Übelkeit pocht in meinem Hals. Ich will am liebsten die Kinder aus dem Kindergarten abholen, will mich bei ihnen entschuldigen. Weil wir, die Erwachsenen, das hier nicht auf die Reihe kriegen. Entschuldigen bei denen, die Vergewaltiger und Vergewaltigte werden. Entschuldigen für all die schlechten Pornos, an die sie geraten werden. Für die anrüchige Sexualität, die mit Chauvinismus und Scham behaftet ist. Entschuldigung. Ich kann nicht fassen, dass alle Körper und alle Grenzen in diesem gesetzlosen Dreck zurechtkommen sollen. Sehe hinauf zu den Hochhäusern, denke an alle, die dort oben in einer Grauzone oder in pechschwarzer Dunkelheit liegen. Weiß nicht, was der Plan ist, was eine vernünftige Rache wäre. Ich wollte es einfach nur laut sagen, ihm sagen. Jetzt komme ich mir richtig blöd vor. Kindisch. Ich sag das!, ruft Rosa immer, wenn jemand ihr unrecht getan hat. Unbedeutend und unfreiwillig nehme ich den Bus nach Hause, schäme mich, weil die anderen Passagiere das Parfum ertragen müssen. Denke an diesen schwedischen Song *Alle, die nicht tanzen, sind Vergewaltiger.* Ich habe einen Ohrwurm davon während der gesamten Busfahrt. Habe einen Ohrwurm, während ich mir das Parfum abdusche und meine Klamotten in die Waschmaschine stopfe. Früher habe ich zu diesem Song getanzt, auf alle gezeigt, die nicht mitgetanzt haben. Wie fies. Chauvinistisch. Ich lege mich auf die Heizkabel, sehe der Waschmaschine beim Rotieren zu. Mein Handy vibriert, ich bleibe liegen. Jetzt verhalte ich mich, wie ein Opfer sich verhält. Duschen und auf dem Badezimmerfußboden rumliegen. Aber ich mache das freiwillig, denke ich. Begegne meinem Spiegelbild in der Duschwand. Das Botox verhindert, dass man den Schmerz sehen kann, so sehr ich ihn gerade auch zum Ausdruck bringen will. Ich wirke eher schockiert, als würden meine Gefühle mutieren. Ich komme wieder auf die Beine. Frances hat mir mehrere Nachrichten geschickt. Über den Tarotgarten von Niki de Saint Phalle, Termin- und Hotelvorschläge. Heute ist noch immer mein freier Tag. Ich schaue mir die Hotels an, checke die Routen auf der Karte. Hässliche Hotelzimmer, fotografiert mit einer älteren Handykamera. Ich versuche herauszufinden, was ein Taxi von Rom aus kostet, ob ich mir das leisten könnte. Wir fahren im Frühling, schreibt Frances.

Stell dir vor, du bist in einem fremden Land. Du kennst niemanden, du kannst die Sprache nicht. Die Lippen der Menschen bewegen sich, aber du hast die Worte noch nie gehört. Du stehst in einem Museum, umgeben von Gegenständen, die du nicht deuten kannst. Ist es eine Tasse? Eine Mumie? Du folgst den anderen, bleibst da stehen, wo sie stehen bleiben. Du siehst Porträts unbekannter Gesichter und Malereien von Kriegsschauplätzen, von denen du noch nie gehört hast. Einige Besucherinnen schnappen staunend nach Luft, als sie eine kleine Skulptur im hintersten Saal erblicken. Sie steht hinter Plexiglas, und dir wird klar, dass sie mehr bedeutet als all die anderen Dinge. In einigen Teilen des Museums stehen die Leute vor irgendwas Schlange, du stellst dich an. Etwas weiter vorne entdeckst du einen Hinterkopf, den du nur zu gut kennst. Die Person dreht sich um, du siehst das Gesicht im Profil. Hei Freundin!, rufst du. Sie dreht sich zu dir, sie ist es. Ein bekanntes Gesicht in einer Menschenmenge. Sie freut sich, dich zu sehen, dreht sich mehrmals um die eigene Achse, während die Schlange sich bewegt. Den Rest des Tages verbringt ihr gemeinsam im Museum. Alles wirkt weniger einsam und komisch. Einige Menschen sind so. Ihre Haut erklärt die Welt. Johannes ist so. Niki de Saint Phalle ist so. Es gibt Straßen, die so sind. Songs, Tageszeitpunkte, Schriften. Schwelende Glut, die alles um sich herum erhellt.

Es ist zwei Uhr. Ich föhne mir die Haare und ziehe mich an. Frage mich, was die anderen Leute mit ihren freien Tagen anfangen. Früher bin ich ins Kino gegangen, mir war egal, was gerade lief. Ich sah Horrorfilme, James Bond, Zeichentricks für Kinder. War einfach nur dankbar, zwischen den anderen in der Dunkelheit zu sitzen. Ich mache das jetzt. Ziehe mir meine Jacke an und eile zum Bus. Bin ein bisschen spät dran, muss durch den Schneematsch laufen, um ihn noch zu erwischen. Die Sonne hinter den grauen Wolken wird schon gleich wieder untergehen. Die Klamotten mit seinem Parfum schleudern in der Waschmaschine. Vielleicht ist er gerade auf dem Weg nach Hause von der Arbeit. Er biegt in die kleine Straße ein, fährt zu seinem weißen Haus. Sieht niemanden, der auf ihn wartet. Da ist niemand. Er bleibt straffrei. Er weiß, was er getan hat. Wenn er mit seiner Frau schläft, weiß er es. Er weiß, dass er ein guter Mensch ist, aber dass er es in jenem Moment nicht war. Er weiß, dass Vergewaltigung zum Menschen gehört. Wie ein Lachkrampf, kann passieren. Es ist ihm passiert.

Ich laufe die Dronningens gate hinab und husche in die Cinematek. Der Film hat bereits angefangen, an der Tür steht niemand, um mein Ticket zu kontrollieren. Ich schleiche mich hinein und finde einen freien Platz in der ersten Reihe. Weiter hinten im Saal knistert Schokoladenpapier. Meine Jacke lege ich mir über den Schoß wie eine Decke. Rieche mehrmals an meinen Haaren, um ganz sicher zu sein, dass der Geruch weg ist. Während des gesamten Films stelle ich mir vor, wie es wäre, ihn zu treffen. Ein Teil von mir ist abhandengekommen, ist bei ihm geblieben. Das ist seine Strafe. Er sieht sich nach mir um, wenn er nachts die Türen abschließt. Sieht sich nach mir um, im Wäldchen hinter seinem Haus. Sieht mich in den Gesichtern seiner Kinder, wenn er sie abends zudeckt. Sieht mich im dreckigen Januarschnee. In den Eiszapfen, die ihm von den Dächern aus drohen. Sein Körper weiß ebenso wie meiner, was passiert ist. Irgendetwas hat ihn so zügellos werden lassen. Ich sehe zur Leinwand, der Film ersetzt kurzzeitig die Gedanken. Hinterher werde ich sagen: Das war ein schöner Tag. Ich habe lange geschlafen, war spazieren und bin im Kino gewesen. So war dieser Tag. Als der Film vorbei ist, bleibe ich während des gesamten Abspanns sitzen. Das Licht geht an. Ich stehe auf und sehe vier andere Frauen im Saal. Alle sind allein hier. Sie schauen auf ihr Handy oder auf die weiße Leinwand. Ein Angestellter öffnet die Tür und leert einen Mülleimer. Ich ziehe meine Jacke an, gehe hinaus in die weihnachtlichen Straßen. Nehme mein Handy hervor, rufe Terje an. Höre, dass er in der Küche ist, seine Stimme klingt warm. Eine halbe Stunde später steige ich aus dem Bus, gehe unsere ruhige Straße entlang. Sehe Menschen um ihre Küchentische und in Sesseln sitzen. Ist die Gefahr gebannt?

Jetzt liegen die Kinder in ihren Betten, ich kann beinahe hören, wie ihre Augenlider zuklappen. Die Wimpern ruhen auf den Wangen und krumme Hände unter den Decken. Türen angelehnt. Terje räumt den Geschirrspüler ein. Ich gehe in die Küche. Hätte was trinken sollen, bin viel zu klar. Ich schaue auf die Wanduhr, mein Blick folgt dem Sekundenzeiger.

Bei der Arbeit ist was vorgefallen, sage ich.

Ach ja?

Erinnerst du dich an diesen Schauspieler, der wegen Vergewaltigung angeklagt war?

Mmh, ja, sagt Terje und spült einen Topf aus.

Er ist Angehöriger einer Patientin, er kommt jeden Donnerstag zu Besuch.

Ach herrje, sagt Terje.

Das ist krass, ich musste seinetwegen an eine Sache denken. Eine Sache, die eigentlich lange her ist, aber jetzt wieder total präsent. Also kein großes Ding, das nicht, sage ich.

Terje hält inne. Er weiß es.

Das Ding ist, ich hätte vor vielen Jahren eine Vergewaltigung zur Anzeige bringen sollen, also es geht um mich. Mir ist das passiert.

Er reagiert nicht. Ich hätte was trinken sollen, denke ich erneut. Der Raum wirkt so groß. Da stehen die Stühle um den Tisch. Da stehen zwei halb leere Milchgläser. Auf der Anrichte stehen zwei verwelkte Kräutertöpfe. All das fühlt sich sicher an. Jetzt spreche ich diese ekligen Worte laut aus, in die Sicherheit hinein. Ich starre auf die Wanduhr. Mein Gesicht ist feucht. Jetzt ist der Ekel hier. Terje kommt auf mich zu, legt eine Hand auf meine Schulter, ich kann die Feuchtigkeit in seinen Augen ahnen. Habe Lust zu sagen: Fass mich nicht an, aber ich lass es bleiben.

Ich bin so froh, dass du mir davon erzählst, sagt er.

Bist du?

Ja, das bin ich.

Manchmal ist es schlimmer zu sagen, ich bin vergewaltigt worden, als tatsächlich vergewaltigt zu werden. Als würde man eine Todesnachricht überbringen. Man muss dabei zusehen, wie die anderen mit Abscheu reagieren. Für sie ist die Abscheu nur ein vorübergehendes Gefühl, etwas, das sie ablegen können. Aber in mir hat sie einen festen Platz, wie ein inneres Organ. Terje findet das nicht eklig. Er bittet mich, zu erzählen. Die Gefahr ist gebannt.

An diesem sicheren Ort wird Liv erzählen. Sie steht in ihrer Küche. Es ist eine schöne Küche. Das Leben schmeckt gut. Ihr Körper ist in Seide und Bio-Baumwolle gehüllt. Es ist nicht so schlimm, denkt Liv. Man muss kein Mitleid mit mir haben. Liv geht rückwärts aus ihrer Küche, hinaus in den Schnee. Jetzt steht Liv in einer dunklen Straße. Der Frost klirrt in der Luft, es ist Nacht. Liv geht durch die Stadt, vorbei an geschlossenen Restaurants und langsam vorbeigleitenden Taxis. Vorbei am 7-Eleven in der Brugata. Der Wind rüttelt an den Straßenlaternen, das Licht flackert. Der Schnee ist tief, man kommt nur schwer voran. Ein Krankenwagen biegt in die Einfahrt zur Notfallambulanz ein. Dorthin will sie nicht. Ein silbernes Band weist ihr den Weg durch die nächtlichen Straßen, sie durchquert den Park und betritt einen Hinterhof. Sie schaut zu einem Fenster hinauf, weiß, dass Liv dort oben liegt und vergewaltigt wird. Da ist es passiert. War es so schlimm? Sie sieht sich selbst dort liegen, mit weißen Augen und weißen Schenkeln. Der Selbsthass sickert ihr vom Hals bis in die Arme. Bis in die Fingerspitzen.

DER VORFALL

Es war die kälteste Zeit des Jahres. Menschen schlitterten in ihren Wintermänteln durch die Gegend wie schwarze Mumintrolle. Ich hatte viele Gläser Wein getrunken. Mehr, als ich hatte zählen können. Ich trug ein blaues Poloshirt, einen kurzen schwarzen Rock und dünne Strumpfhosen. Mehr Make-up als sonst. Ich hatte mich schick gemacht, aber wenn ich gewusst hätte, was passieren würde, hätte ich mich für etwas anderes entschieden, vielleicht etwas Formelleres. Einen Anzug oder so. Mit Krawatte und Nadelstreifen. Ich wurde nie gefragt, was ich getragen hatte, aber ich habe es immer als wichtig angesehen. Hinterher habe ich die Wahl meiner Strumpfhosen bereut, sie waren so widerspenstig, ich hatte Mühe, sie wieder anzuziehen. Ich hätte Unterwäsche wählen sollen, bei der es mir nicht peinlich gewesen wäre, sie beim Notfalldienst für Vergewaltigungsopfer abzugeben. Irgendwas Anonymes, Ordentlicheres.

Wir hatten ein Date. Ein ganz okayes Date. Das Gespräch schwappte über mich hinweg, als würde er die Fragen, die er stellte, auf einer Liste abhaken. Was ist dein Lieblingsfilm? Wohin würdest du in den Urlaub reisen, wenn du heute losmüsstest? Ich beantwortete die Fragen und stellte ihm dieselben, aber keiner von uns hörte dem anderen zu. Vielleicht hatte er The Game gelesen. Wir tranken Wein, zuerst ein paar Gläser, dann eine Flasche. Mehr Bier. Zu viel. Ich wurde nie gefragt, wie viel ich getrunken habe, aber ich fand auch das relevant. Die Erinnerung balanciert auf der Linie, an der der Blackout beginnt. Im Lokal hing noch Weihnachtsdeko. Wir saßen an einem Tisch am Fenster, fast alle Balkone in der Straße waren noch weihnachtlich beleuchtet. Ich bin hinterher noch oft dieselbe Straße entlanggegangen, habe Paare am selben Fenstertisch sitzen sehen. Es ist ein schöner Platz. Die Kellner dort tragen weiße Hemden und Fliegen um den

Hals. Ich bin nie wieder reingegangen, aber ich sehe wirklich keinen Grund, es nicht zu tun. Es ist ein schönes Restaurant.

Es stellte sich heraus, dass er gleich in der Gegend wohnte, nur ein paar Straßen weiter. Ich überlegte, ihn nach Hause zu begleiten, also tat ich es. Wir küssten uns an der Tür, ich hatte nicht vor, mit hochzukommen. Er fragte, ob ich wollte, ich sagte, es sei schon spät. Du musst ja nicht so lange bleiben, sagte er. Ich denke oft an diesen Augenblick zurück, als ich durch die Haustür ging. Es war völlig freiwillig. Ich stelle mir oft vor, wie ich kehrtmache. Dass ich mich verabschiede und allein nach Hause gehe. Aber das tat ich nicht, ich ging mit ihm hinein. Es war nach Mitternacht, ich war müde. Wir gingen die Treppe hinauf, er voran, ich hinterher. Jede einzelne Stufe nahm ich selbst. Hatte keine Angst, war nicht misstrauisch. Der Alkohol hatte den Platz der Angst eingenommen, sie war sonst immer mein Gefährte und treuer Beschützer. Ich stand hinter ihm und sah, wie er die Wohnungstür aufschloss. Betrat die Wohnung, zog Jacke und Schuhe aus. Hängte meine Tasche an einen Haken, mein Handy war darin. In dem Flur gab es viele Schuhe und Jacken. Die Tatsache, dass es andere Menschen in dieser Wohnung gab, vermittelte mir ein sicheres Gefühl. Da war die Küche, in der Spüle standen dreckige Töpfe und Pfannen. Der Geschirrstapel war ein maskulines Omen, das ich nicht verstand. Wir verschwanden in einem Raum. Dort sollte ich komplett verschwinden.

Ich versuchte zurück zur Tür zu gehen, aber es ging nicht. Ich versuchte aufzustehen, aber es ging nicht. Jetzt lag ich auf dem Bett und wartete darauf, dass es vorbei war. Ich wusste nicht, was ich mit meinen Händen machen sollte. War dankbar, dass er sein Shirt nicht ausgezogen hatte. Durch das Fenster sah ich einen Schwarm Tauben. Sie schliefen. Sie sahen aus wie Muscheln, mit ihren gebeugten Hälsen und den Flügeln, mit denen sie sich zugedeckt hatten. Eine Taube war wach, sie hatte weiße Augen mit kleinen schwarzen

Pupillen. Sie sah mich an. Ich hatte etwas über Vögel gelesen, sie erinnern sich an alles. Wenn sie dein Gesicht gesehen haben, werden sie es nie vergessen. Das wollte ich nicht, aber ich traute mich nicht wegzuschauen. Die Taube sah mich, und ich sah sie. Sie sah, dass ich in einem Sarg lag. Ich lag dort und wusste, dass dies das Ende war. Der Abstand zwischen mir und der Taube war wie der Abstand zwischen lebendig und begraben. Für einen kurzen Moment bekam ich keine Luft. Dann fing ich an zu überlegen, in welcher Kirche ich beerdigt werden wollte. Ich hatte Angst, dass es die Kirche in meinem Stadtteil werden würde, so trist und ohne eigenen Friedhof. Sollte ich eingeäschert werden? Die Einrichtung war braun, und der Flur war mit rotem Teppichboden ausgelegt. Schmale Fenster an den Seitenwänden, dort würde es völlig dunkel werden. Aber dann bekam ich wieder Luft, musste nicht mehr an die braune Kirche denken. Hörte draußen Autos vorbeifahren, konnte nicht fassen, dass ich eben noch in derselben Straße gestanden hatte. Jetzt war sie unendlich weit unten, ich versuchte mir die Treppe und das Eingangstor vorzustellen. Aus dem Fenster zu springen war keine Option, aber ich dachte kurz darüber nach. Ich wartete. Der Himmel färbte sich von Schwarz zu Dunkelviolett. Noch mehr Vögel versammelten sich, ein Schwarm Möwen umkreiste den Block. Sie kreischten und lösten Unbehagen in mir aus. Jetzt hatte er das Gesicht noch von mir abgewandt, aber wenn die Möwen so einen Lärm veranstalteten, konnte es passieren, dass er seinen Kopf in diese Richtung drehte. Dann müsste ich mein Gesicht zur Wand drehen, und der Trost, wenigstens aus dem Fenster schauen zu können, wäre dahin. Obwohl die Tauben und Möwen weit entfernt waren, konnte ich jedes Detail beobachten, meine Augen waren so groß wie Quallen. Ich konnte all die blauen und weißen Nuancen in ihren Flügeln sehen. So wie die Vögel sich gaben, schien der Morgen zu nahen. Irgendwann würde er einschlafen, dann wäre es vorbei. Ich lauschte den Geräuschen im Haus. Schaute an die Decke und fragte mich, ob da oben jemand war. Ob Menschen nur wenige Meter entfernt in ihren Betten schliefen.

Es war wie ein Fieber, das ich einfach nur auskurieren musste. Die Vergewaltigung hatte verschiedene Saisons und Phasen. Zeitweise ließ ich mich von den Tauben auf dem Dach ablenken, dann wieder suchte ich Zuflucht in meinem eigenen Körper. Ich alterte, war plötzlich hundert Jahre. Ich hörte Menschen draußen auf der Straße, und dann dachte ich an sie. Ich hatte diesen Raum freiwillig betreten, meine Schuhe standen hübsch ordentlich im Flur. Es war ein Paar schwarzer Winterstiefel, sie hatten Schnürsenkel, und es würde einen Moment dauern, sie wieder anzuziehen. Ich beschloss, sie mir einfach zu schnappen und wegzulaufen, sobald es möglich war. Falls es möglich war. Alles, ich dachte an alles. An die Strumpfhose, es würde schwierig werden, sie wieder anzuziehen. Ich sah sie auf dem Boden liegen, hatte solche Angst, dass sich Laufmaschen gezogen hatten. Wollte nicht in zerrissenen Strumpfhosen nach Hause gehen, wie ein Klischee dessen, was passiert war. Ich habe einmal eine solche Frau getroffen. Es war Nacht, ich war gerade dabei, die Tür zum Wohnheim aufzuschließen. Eine Frau kam auf mich zu, sie war ruhig und höflich. Entschuldigung, sagte sie, wie eine Person, die nach einer Zigarette fragte. Entschuldigung, aber ich glaube, ich bin vergewaltigt worden, sagte sie. Sie trug einen hellblauen Anorak, der war richtig schön. Es war Frühling. Ich fragte, ob sie mit reinkommen und die Polizei anrufen wolle. Nein, nein, sagte sie. Ich hielt die Tür auf, während sie ein Taxi rief, ich konnte die Musik in der Warteschleife hören, es war »Hopelessly Devoted To You«. Wie heißt diese Straße?, fragte sie. Ich nannte ihr meine Adresse. Sie sagte sie der Taxizentrale durch, bat darum, zur Notfallambulanz gefahren zu werden. Bevor sie verschwand, gab ich ihr meine Nummer, sagte, ich könne als Zeugin für sie aussagen. Ging ins Treppenhaus, hatte keinerlei Information, wusste nur, was sie anhatte. Der schöne Anorak. Braune Beine in kurzen Jeansshorts. Glattes braunes Haar. Diese Informationen waren völlig bedeutungslos.

In diesem Moment hatte er die Macht, und ich beherrschte mich mit aller Macht, wartete ab, bis es vorbei war. Die Tauben saßen schon längst nicht mehr auf dem Dach. Ich schloss die Augen, tat so, als würde ich schlafen. War unendlich müde. Lauschte seinem Atem, es war der Atem eines Schlafenden. Es war ein ziemliches Gehampel, sich ohne panische Hektik anzuziehen. Still las ich ein Kleidungsstück nach dem anderen vom Boden auf. Spürte den Kater in meinem Blut kribbeln. Ging auf die Tür zu. Jetzt war ich aus dem Zimmer. Wie geplant raffte ich Jacke und Schuhe an mich. Rannte alle Stockwerke hinunter, durch die schwere Eingangstür, hinaus auf die Straße. Es war Morgen. Ein Bus fuhr vorbei, in ihm saßen Menschen auf dem Weg zur Arbeit. Ich dachte, hier draußen wäre ich sicher, aber es war immer noch ein Gehampel. Ich musste mitspielen, so tun, als wäre nichts passiert. Schuhe binden, losgehen. Ich dachte an die Notfallambulanz, sollte ich dorthin? Ich überquerte die Vaterlandbrücke. Vorbei an den Tauben und Möwen, wollte sie nicht sehen. Betrat einen Kiosk, kaufte einen Joghurt, eine Limo, eine Packung Kekse und Schmerzmittel. An der Kasse stand ein junger Mann, er lächelte und legte die Waren in eine Tüte. Jetzt waren mehr Leute unterwegs, jetzt war Donnerstag. Der Griff der Plastiktüte schnitt mir in die Hand. Alles war in bester Ordnung, niemand hielt mich an oder konnte mir ansehen, was passiert war. Alles normal. Es war völlig normal, vergewaltigt zu werden, ich hatte keine zerzausten Haare oder Blutergüsse. Eine Vergewaltigung war klein, sie passte genau in meinen Körper. Ich würde es aushalten, es mit aller Macht hinkriegen, weiterzulaufen. Mit aller Macht und aller Macht und aller Macht.

Sobald ich zu Hause angekommen war, zog ich alle Klamotten aus. Stopfte sie in eine Tüte neben der Tür. Ich steckte den Wintermanetel in die Waschmaschine, schaltete sie ein. Wischte die Schuhe mit einem Tuch ab. Ich beschloss, schnell duschen zu gehen, ehe ich Zeit hatte, darüber nachzudenken. Bloß kein großes Ding draus machen, wieder zurück zur Normalität. Zu dem, was am Tag davor passiert war und am Tag davor. Ich aß etwas von dem Zeug, das ich gekauft hatte. Wechselte die Bettwäsche. Legte mich unter die Decke. Es war ein früher Januarmorgen. Ich schlief ein.

Neun Stunden später wachte ich auf. Das Geschehene raste mir durch den Kopf. Ich stand auf, aß die Reste des Kioskessens. Damals wohnte ich in einer dieser Studentenbuden, Jahre später war dieser Ort ein Friedhof in meiner Erinnerung. Das Semester hatte gerade angefangen. Weißer Schnee legte sich auf die Räder an den Fahrradständern vorm Haus. Ich schaltete den Fernseher an. In der Welt war nichts passiert. Ein Koch bereitete Essen in einem Fernsehstudio zu. Ich hängte meinen Wintermantel zum Trocknen auf. Die Tüte mit den Klamotten stand immer noch an der Tür, wie Sachen aus einem Nachlass. Sie waren leer, die Person, die diese Klamotten getragen hatte, gab es nicht mehr. Ich konnte sie nicht mehr gebrauchen. Auf der Anrichte stand die Kaffeemaschine. Ich füllte sie mit Wasser und billigem Kaffeepulver und drückte auf den Knopf. Als sie anfing zu gurgeln, wusste ich: Das wird wieder, alles wird gut.

Ein neuer Tag. Ich duschte, frühstückte. Hatte beschlossen, zur Notfallsprechstunde zu fahren. Ich kleidete mich wie eine Braut, jedes Kleidungsstück war mit Bedacht gewählt. Ein etwas zu langer, warmer Wollpullover. Wusste, dass ich auf dem Stuhl eines Gynäkologen landen könnte. Wusste, dass ich angeschaut werden würde. War trotzig, hatte keine Lust, die zu sein, die sie erwarteten. Eine gefallene Frau. Ich machte mich schick, entschied mich für Perlenohrringe und ordentliches Make-up. Stand vor dem Spiegel und raunte die auswendig gelernten Zeilen. Ich bin vergewaltigt worden. Wieder und immer wieder. Bis die Worte keine Bedeutung mehr hatten, bis sie ganz leer waren. Ich sagte es mit einem Lächeln. Trug mehr Make-up auf. Trank ein Glas Wasser, warf es hinterher an die Wand. Es zersprang, ich fegte die Scherben auf. So, jetzt war ich so weit. Ging aus der Tür, die Sonne schien. Ich setzte die Sonnenbrille auf und betete mein Mantra vor mir her. Vergewaltigt vergewaltigt vergewaltigt. Ich spazierte hinunter ins Zentrum, vorbei an Studierenden und Kindergartenkindern. Die Tüte mit den Klamotten lag in meinem Rucksack. Er saß wie eine scharfe Bombe auf meinem Rücken. In den Geschäften war Winterschlussverkauf. Ich schleppte mich durch die Hausmanns gate und zur Notfallambulanz. Mir war eiskalt. Ich überquerte den Parkplatz, dort hielten Taxis mit Leuten, die sich an den Beinen oder am Kopf verletzt hatten. Ich beneidete sie. Andere holten Medikamente aus der Apotheke. Oh, was würde ich geben für ein bisschen Medizin. Ich schaute auf die Uhr, gleich war es halb zehn. Ich betrat die Notfallambulanz. Es war eine stille Detonation. Eine Pflegekraft winkte mich zu einer kleinen Luke. Fragte, womit sie mir helfen könne, erkundigte sich nach meinem Namen. Alles war nackt. Ich will zur Notfallsprechstunde für Vergewaltigungsopfer, sagte ich. Sie sah mich mit neutralem Blick an. Ich musste ihr meine Personennummer mitteilen. Das war ziemlich viel verlangt. Zog eine Nummer, die 54. Nach kurzer Zeit wurde ich in ein weiteres Wartezimmer gebeten. Dort saßen andere Frauen. Einige von ihnen hingen in ihrem Stuhl wie Jacken am Haken. Dass hier so viele Menschen herumhingen, Tag und Nacht, Jahr für Jahr. Ein ewiges Trümmerfeld, das die hinterlassen, die vergewaltigen.

Sie fragten mich nach allem. Meiner Familie, meiner Studentenbude, meinen Freunden. Meinen Impfungen und dem Vorfall. Blutprobe, Pillen, Gynäkologe, die Tüte mit den Klamotten, Wattestäbchen in den Mund. Es war ganz okay, im Untersuchungsstuhl zu liegen. Ein blauer Vorhang teilte den Raum. Der Arzt erklärte gewissenhaft, was passieren würde und warum. Mir war das völlig egal, sie konnten mich aufschneiden, wenn sie wollten. Vielleicht hatte ich keine Grenzen mehr, so wie Menschen keine Angst mehr vor Schlangen haben, wenn man ihnen eine Schlange um die Schultern legt. Das ging schnell, die Person war schon verschwunden. Ich konnte mich anziehen, während ich allein im Raum war, dafür war ich dankbar. Kaufte mir eine Flasche Wasser an einem Automaten. Meine Stimmung war normal, ich hatte ein Buch mitgenommen. Mein Vorname wurde aufgerufen, es war schön, dass nicht mein voller Name durch den Warteraum schallte, trotzdem erwiderte ich nichts. Stand einfach nur auf und ging in ein kleines Büro. Dort wurde mir gesagt, was ich als Nächstes tun könnte. Ich sagte, ich wisse, wo ich mich auf der Rangliste der Vergewaltigungsopfer befand. Keine blauen Flecken, keine Verletzungen. Ich hatte den Raum, in dem es passiert war, freiwillig betreten. Die Person in dem Büro gab mir ein paar Formulare, die ich bei der Polizei abgeben konnte, wenn ich wollte. Würden Sie das tun?, fragte ich. Es ist immer ratsam, so etwas zur Anzeige zu bringen, dann werden Sie auch in die Statistik aufgenommen, antwortete die Person. Haben Sie Kinder? Ja. Wenn Ihrem Kind das passiert wäre, würden Sie ihm raten, zur Polizei zu gehen? Ich weiß es nicht, antwortete die Person. Ich schob die Formulare in den Rucksack, zur Tüte mit den Klamotten. Es wird Aussage gegen Aussage stehen, sagte die Person noch, ehe ich aus der Tür ging. Ich, die ich so brav gewesen war, mit dreizehn schon die beleuchteten Umwege nach Hause ging, statt die Abkürzungen durch den Wald zu nehmen. Ich, die ich zu Abizeiten illegales Pfefferspray gekauft hatte. Alles umsonst.

Auf dem Weg nach Hause beschloss ich, dass das nicht mein Problem war. Ich konnte die Verantwortung dafür nicht übernehmen. Ich wollte nicht Teil der Statistik sein, er durfte seine eigene Statistik erstellen. Ich wollte nur nach Hause, damit abschließen und es vergessen. Dachte an diese lächerliche Rangelei, die wir da ausgetragen hatten. Das war das Schlimmste: Wie wenig ich mich zur Wehr gesetzt hatte. Ich hatte mich sofort ergeben. Mädchen schlagen sich nicht. Der Gedanke verfolgte mich, ich eilte nach Hause, um ihn loszuwerden. Ich schob den Rucksack hinter die Jacken im Flur. Erledigte den Abwasch und öffnete den Kühlschrank, der ziemlich leer war. Obwohl ich Hunger hatte, legte ich mich aufs Bett. Ich fror, den ganzen restlichen Winter sollte ich frieren. Den Rest meines Lebens würde ich frieren. Aufstehen war nicht möglich. Die Bude und das Bett waren zu einem Sarkophag geworden, in dem ich nur lag und lag und lag. Als es draußen dunkel wurde, schaltete ich die Nachttischlampe ein, als es hell wurde, schaltete ich sie aus. Ich öffnete eine Dose Kokosmilch, goss sie in ein Glas und trank. Ich schaute eine Morgensendung und die Wiederholung der Morgensendung. Nachts schaute ich Dokumentationen über Geburten und Polizeihunde. Sollte ich jetzt nur noch hier sitzen und denken, dass mein Leben für immer zerstört war? Oder sollte ich gar nicht darüber nachdenken? Ich wusste es nicht und wollte es auch nicht wissen. Alles, was ich wollte, war, dass es aufhört. All der Ekel sollte verschwinden. Eines Abends stand ich am Fenster und sah, dass der Dönerladen gegenüber geöffnet war. Dönerteller für 129,- stand da auf einem Schild. Ich ging ins Bad, betrachtete mich im Spiegel. Hatte keinen Bock, gesehen zu werden, aber Hunger hatte ich trotzdem. Es waren vielleicht ein paar Tage vergangen. Ich wunderte mich, dass alles so still war. Niemand hatte angerufen. Im Wohnheim war es ruhiger als sonst, da war ich mir ganz sicher. Ich beschloss, auf die Straße zu gehen, mir etwas zu essen zu holen und zurückzukommen. Alles war entscheidend. Wenn mich jemand so sah, würde man es mir anmerken, alles wäre klar, und erst dann würde es wahr werden. Wenn ich darüber sprach, würde es wahr werden. Wenn ich nicht darüber sprach – das wäre gefährlich. Ich zog mich an, wusch mein Gesicht und cremte mich ein. Sah in Ordnung aus. Ging die unzähligen Treppenstufen hinunter, begegnete niemandem. Auch draußen auf der Straße herrschte Stille. Nur eine Gruppe von Leuten, die auf den Bus wartete, aber sie war weit genug entfernt, um mich nicht zu beachten. Die Bestellung ging schnell. Ich bezahlte, holte mir eine Limo und setzte mich ans Fenster. Sah dem Mann hinter der Theke dabei zu, wie er das Fleisch von dem großen Spieß schnitt. Er hob die Pommes aus dem Frittierfett und schüttete sie in die Styroporbox, die mir gehören sollte. Er war fürsorglich. Ich bekam Besteck und Servietten, die Take-away-Box steckte er in eine dünne weiße Plastiktüte. Er kam um den Tresen herum und überreichte sie mir, das gefiel mir. Mir gefiel, dass ich es wert war, das Essen so schön einzupacken. Es war das beste Essen, das ich je gegessen habe, und das ist es immer noch.

Ich schlief gut in dieser Nacht, traumlos und fest. Als ich aufwachte, war alles weiß, draußen stöberte der Schnee. Ich dachte, ich wäre in einem Krankenhaus, und wenn ich nur lange genug so daläge, würde ich gesund werden. Mir kam der Gedanke, ich könnte mich angesteckt haben. Dass er mich mit der Grippe oder einer anderen Winterkrankheit infiziert hatte, dass ich deshalb nicht aufstehen konnte. Ich hatte mehrere Vorlesungen, aber eine Krankheit war eine gute Erklärung für alles. Es war nicht die Unwahrheit. Ich griff zum Handy und schrieb eine SMS an eine Kommilitonin. Bekam sofort eine Antwort. Dass ich nicht viel verpasst hätte und dass heute Abend eine Party stattfinden würde. Ob ich hinwollte? Ich antwortete mit Ja und stand auf. Machte mich bereit für den Tag und ging raus auf die Straße. Der Dönerladen war geöffnet, das hatte ich vom Fenster aus gesehen. Ich bestellte einen neuen Dönerteller, es war der gleiche Mitarbeiter wie am Abend zuvor. Ich setzte mich an einen kleinen Tisch in der Mitte des Raumes, aß dort die gesamte Mahlzeit. Früher hatte ich nicht so viel Geld für Essen ausgegeben, hatte immer ein Stullenpaket und eine Thermoskanne im Lesesaal dabei. Aber jetzt tat es gut, das Essen serviert zu bekommen und das Plastik danach in den Mülleimer zu schmeißen. Ich blieb noch eine Weile sitzen und trank den Rest der Limonade. Draußen auf der Straße stapften Menschen durch den Schnee, Busse und Autos fuhren vorbei. Ich konnte nicht glauben, dass die Leute Jobs hatten und mit der U-Bahn fuhren. Dass sie in einer Welt herumliefen, von der ich ausgestoßen worden war. Ich sah zu dem Mann hinüber, der hier arbeitete, jetzt saß er auf einem Gartenstuhl im Hinterzimmer. Ich konnte die weißen Kabel sehen, die ihm aus den Ohren hingen, er sah sich einen Film an. Die kleinen Pupillen zuckten hin und her, er grinste. Ich zog meine Jacke an und ging hinaus in den Schnee. Fuhr mit der Straßenbahn ins Zentrum und schlenderte durch die überheizten Geschäfte. Betrachtete all die Dinge, konnte nicht fassen, dass das alles in jemandes Zuhause enden würde. Probierte in einer Umkleidekabine ein paar Klamotten an, kaufte mir ein schlichtes schwarzes Kleid. Es war neutral und dezent, ich könnte es in einem Gerichtssaal tragen. Ich wollte meine Eltern anrufen, aber es ging nicht. Ich musste mir das erst gut überlegen. Alles, was ich tat, könnte Konsequenzen haben.

Ich ging auf die Party. Es war wie der erste Schultag nach den Sommerferien, wenn die anderen Kinder in der Klasse als neue Versionen ihrer selbst wiederkamen. Ich hatte mich gefragt, ob ich genauso verzerrt war, ob jeder sehen konnte, dass ich ein neues Kind war. Ich habe es sowohl gehofft als auch befürchtet. Ich trug das schwarze Kleid. Trank Weißwein. Sobald ich anfing, mich mit anderen zu unterhalten, war ich wieder in der Quasiwelt. Alles war wie zuvor. Ich stand lange in der Küche und unterhielt mich mit einem Typen. Eine Stunde später verließen wir gemeinsam die Party und nahmen ein Taxi zu meinem Wohnheim. Es gab nichts zu verlieren. Am nächsten Morgen war er weg, das war völlig okay. Ich habe in diesem Winter mit vielen geschlafen. Hatte Vorlesungen und Gruppenarbeiten. Ich fror, wurde den Gedanken nicht los, dass er mich mit etwas infiziert hatte. Eine verdrehte Fieberkrankheit, die meine Temperatur senkte. Im Lesesaal saß ich mit Jacke und Mütze. Meine Hände lagen wie kalte Steine auf den Büchern. Eines Nachts erwachte ich in einem Hotelzimmer. Neben mir lag eine Person. Er hatte die weiße Decke komplett um sich gewickelt, sah aus wie eine Mumie. Rote Ziffern leuchteten am Fernseher, es war 05:12. Ich schlich ins Badezimmer, duschte schnell und wischte mir die bröckelige Mascara von den Wangen. Erbrach grüne Tropfen in das weiße Porzellan. Ich zog mich an und ging hinaus auf den Flur. Konnte den Fahrstuhl nicht finden, war gefangen in einem Labyrinth aus synthetischen Teppichen und Messingdetails. Nahm die Treppe, fünf Stockwerke. Der Frühstücksraum wurde gerade geöffnet, ich setzte mich an einen

Tisch am Fenster. Saß lange da, holte mir mehrfach Kaffee, Obst und Brot. Nach dem Frühstück fuhr ich mit dem Fahrstuhl in die oberste Etage. Schwamm im Hotelpool, bis ich müde und nüchtern war. In der Umkleide war niemand außer mir. Ich entdeckte ein Handtuch, das jemand auf den Boden geworfen hatte, trocknete mich damit ab. Legte mich in der Sauna auf die oberste Bank. Ich mochte Hotels, dort gab es mich ohne Vergangenheit und ohne Zukunft. Ich erinnerte mich an den Sommer, als ich einen Ferienjob in einem Hotel gehabt und einen Zehn-Liter-Eimer Wasser die Treppe zur Rezeption hinuntergekippt hatte. Wurde richtig zusammengeschissen von der Rezeptionistin, die auch nur einen Sommerjob hatte. Aber sie half mir, alles aufzuwischen, auch wenn das meiste von dem braunen Teppich verschluckt worden war. Der Job war nicht so übel, ich putzte gern. Liebte es, mit dem Wäschewagen von Zimmer zu Zimmer zu ziehen – es war ein ruhiger Job. Kleine Malheurs konnten hier und da passieren. Wie ein Zimmer zu betreten, in dem noch jemand war. Oder Bettzeug zu wechseln, in das jemand reingekotzt hatte. Jedes Mal, wenn die Lohnabrechnung kam, war ich der reichste Mensch der Welt. Ich gab das gesamte Geld für Klamotten, Make-up und Unterwäsche aus. Als ich siebzehn war, verbrachte ich den ganzen Sommer damit, Teppiche in dunklen Fluren zu saugen und wegen der Klimaanlage zu frieren.

Ich verließ das Hotel gegen zwölf. Wollte nicht nach Hause, wollte noch eine Weile ohne Zukunft und ohne Vergangenheit sein. Spazierte den Karl Johan Boulevard hinauf, kehrte in Geschäfte wie Zara und H&M ein. Dort herrschte Chaos, die Leute zerrten die Kleidungsstücke von den Ständern, ohne sie wieder aufzuhängen. Überall lagen Haufen zerknitterter Klamotten. Ich dachte, ich wäre ja verrückt, diese Läden freiwillig zu betreten, aber alle anderen mussten aus dem gleichen Grund hier sein wie ich: die Lust auf etwas Neues. Die nächste Auszahlung meines Studienkredits war noch längst nicht fällig, ich konnte mir gerade nichts leisten. Ich blieb vor dem Gucci-Laden stehen und betrachtete die Waren im Schaufenster. Eine Gruppe Touristen tat dasselbe. Sie wirkten zielbewusst, so, als hätten sie einen Termin. Ein Sicherheitsmann mit Knopf im Ohr öffnete ihnen die Tür, ich schlüpfte in ihrem Windschatten ins Geschäft. Zunächst betrachtete ich die Dinge aus der Ferne. Stand lange vor einer bestickten Anzugjacke. Berührte sie nicht, dachte, sie könnte an Wert verlieren, wenn sie mit menschlichen Händen in Berührung käme. Vor allem mit meinen. Ich trat ganz nah heran, entdeckte kleine Perlen in der Stickerei. Ein Mensch hatte das gemacht. Jede einzelne Perle mit Nadel und Faden befestigt. Jetzt entdeckte ich das Preisschild, fischte es vorsichtig aus dem Kragen. Die Jacke sollte fast dreitausend Euro kosten. Jetzt stand eine Frau hinter mir, fragte auf Englisch, ob sie mir behilflich sein könne. *Can I try this?* *Of course*, sagte sie. Auf ihrem Namensschild stand Lydia. Ich fragte sie, ob ich mich erst noch ein wenig umschauen könne. Gemeinsam mit den Touristen probierte ich Sonnenbrillen auf und hielt Handtaschen. Es gefiel mir, sie einfach nur zu halten. Besonders eine Tasche aus Straußenleder. Ich hatte noch nie zuvor Straußenleder gesehen, wusste nicht, dass es so wunderschön und gleichzeitig widerwärtig war. Die Noppen auf der Haut des Tieres waren in perfektem Abstand zueinander angeordnet, wie alles andere in der Geometrie der Natur. Die Frau, mit der ich zuvor gesprochen hatte, führte mir die Tasche vor. Zeigte alle ihre Fächer und Funktionen. Es gab sie in verschiedenen Farben und Mustern. Jetzt wurde mir eine Tasse Tee serviert. Sie zeigte mir den Weg zu den Umkleidekabinen. Ich zog mich aus, trug keine Unterwäsche. Hatte sie zum Schwimmen im Hotelpool angehabt, jetzt lag sie klatschnass in einer Tüte in meiner Tasche. So probierte ich die Jacke an, direkt auf der Haut. Dreißigtausend Kronen. Ich verließ die Umkleide, bat darum, andere Stücke anzuprobieren. Lydia brachte mir ein Kleid, die Straußenledertasche, Sonnenbrille und Schuhe. Ich ging zurück in die Sargkammer, zog alles an. Warf einen Blick auf die Preisschilder, rechnete schnell zusammen. Fast 170.000. Das fühlte sich gut an. Lydia rief nach mir, fragte, ob alles in Ordnung sei und ob ich noch etwas trinken wolle. Habt ihr auch Kaffee?, fragte ich. *Of course*, antwortete sie. Ich setzte mich auf einen kleinen Pouf, um mich auszuruhen. Es war nur wenig Kundschaft in der Boutique, aber alle wirkten sehr seriös. Bestellten Taschen und baten um Änderungen an der Taille. Hier konnte man Ansprüche stellen. Ich war auch seriös. Hardcore. Niemand konnte die Bedeutung einer Ledertasche besser verstehen, an ihr konnte man sich festhalten. Ich schielte zu meinen eigenen Sachen rüber. Sie lagen auf einem Haufen auf dem Boden. Als wäre ich geschmolzen. Ich wünschte, es wäre so, dass ich diesen Körper verlassen und in diese neue, teure Hülle einziehen könnte.

Der Frühling war schneidend und hart. Deprimierte Schneeglöckchen hingen in den Straßengräben. Eiskalte Nächte und feuchte Tage. Jetzt kam mir die Vergewaltigung ulkig vor. Als ich an die Rangelei dachte, und daran, wie ich feststeckte, musste ich lachen und schämte mich zugleich. Ich kaufte einen neuen Toaster, der nicht funktionierte. Ging zurück zum Elektronikladen, musste in einer langen Schlange von Leuten stehen, die ihre Sachen umtauschen wollten. Hätte nicht erwartet, nicht in einer Schlange stehen zu müssen, nur weil ich vergewaltigt worden war, aber es war ungewohnt, so dastehen zu müssen. Der Kundenservice war nett, sie drückten mir einen Zettel in die Hand und ich konnte in der Küchenabteilung einen neuen Toaster abholen. Ich hielt ihn im Bus auf meinem Schoß. Der Busfahrer wusste den Weg, und die Leute trugen Allwetterjacken. Ich studierte ihre Gesichter. Waren hier auch Unfreiwillige? Ich bekam das nicht zusammen. Dass sie eventuell nackt und sprachlos gewesen waren, bevor sie hierherkamen. Sah einen Mann mit einem grauen Mantel. Der Stoff war aus weißen und braunen Stichen gewebt. Es war eine exquisite Arbeit. So seltsam, dass Menschenhände zu solchen Dingen fähig waren, aber auch zu anderen.

Zu anderen. Ich packte den Toaster aus und stellte ihn in meine kleine Studentenküche. Toastete Brot, beschmierte es mit Butter und kochte Tee. Deckte für mich selbst den Tisch und zündete eine Kerze an. Zog den Finger durch die Flamme. Dann las ich die Nachrichten, die wir einander geschrieben hatten. Er hatte mir eine Nachricht nach dem Vorfall geschickt, ich ihm zwei. Die erste war von mir, ich schrieb, dass ich ihn gerne anrufen würde. Er schrieb Danke für den Abend gestern, bin gerade in der Bibliothek. Rufe dich an! Einen Smiley hatte er auch mitgeschickt. Zwei Tage später schrieb ich, dass ich ihn treffen wolle, hätte den ganzen Tage Zeit. Wir trafen uns nie. Meine Erinnerung war verzerrt, ich wusste nicht mehr, ob ich Nein gesagt oder Nein gedacht hatte. Er war der Einzige, der das wusste. Eines Tages kam ich an der Bibliothek vorbei, in der er immer saß. Im Lesesaal im Erdgeschoss mit den großen Glasfronten. Ich ging zwischen den Regalen hin und her, sah die Studierenden über ihren Büchern hängen. Er war nirgends zu sehen. Ich rief ihn an, er nahm nicht ab, die Mailbox sprang an. Die Erinnerung wurde zu einer Sinkhöhle. Sie stürzte unter mir zusammen, brach erst durch den Asphalt, dann durch Wurzelwerk und Lehmboden. Alle Spuren waren verwischt. Ich legte mir ein neues Handy zu, seine Nachrichten verschwanden mit dem alten. Die Erinnerung verschwand nicht, sie bohrte weiter, war eine Art Aasfresser, der den Boden unter mir porös und schwach machte.

Lernen, lesen, Eier kochen, mit Leuten schlafen, Wäsche zusammenlegen. Das Leben ging weiter. Die Erinnerung war ein steinharter Abszess. Ich konnte den Schmerz aufsparen wie Geld auf der Bank. Es vom Konto in den Anlagefonds verschieben. War reich. Ich legte Prüfungen ab, bekam Zinsen auf den Schmerz, ich war nachts unterwegs, in einer dünnen Baumwolljacke mit zu kurzen Ärmeln. Ging über den Friedhof, die Hände in den Taschen. Camilla Collett lag in einer kleinen Vertiefung begraben. Halt die Klappe, flüsterte ich ihr zu, ihr und allen anderen, die dort selbstgefällig herumlagen. Aus dem Boden sprossen die Vergissmeinnicht, die ihre Kelche für die Nacht zugeklappt hatten. Sie verspotteten mich. Ich dachte an Tiere, die keine Erinnerungen haben. Quallen haben keine Flashbacks. Sie wissen nur, dass sie Quallen sind. Sie sind zufrieden. Niemand hat Schuld, wenn sie am Strand liegen oder im Maul eines Wals landen. Nichts, worüber man sich den Kopf zerbrechen musste. Ich war noch nie zuvor nachts auf einem Friedhof gewesen. Es war kurz nach vier. Es war ziemlich dumm. Ich lief das letzte Stück, sah, dass in einigen Wohnungen schon Licht brannte. Der Himmel war lila. In der Natur müssen sich alle anpassen. Der Schmetterling ist schön, weil er zwei böse Augen imitiert. Sogar die frechen Vergissmeinnicht taten ihr Bestes. Vielleicht war ich die Dumme. Ich kam an einem Brunnen vorbei, in den jemand Seife gegossen hatte. Jetzt schäumte er, die Gischt quoll über die Kante und auf die Straße. Es sah aus wie Schnee. Die ganze Zeit über nagte der Gedanke an mir, welche Verantwortung ich trug. Ich hatte sie zu verschiedenen Zeitpunkten in der Hand gehabt, sie dann aber doch vergeudet. Ich hatte mich schuldig gemacht, indem ich mit ihm mitgegangen war. Jede einzelne Stufe war ich selbst hochgegangen. Es gab so viele Momente, in denen ich hätte gehen können. Aber das tat ich nicht, ich ließ mich in den Raum hineintreiben. Dumme Qualle. Ich wusste nicht, ob ich an freien Willen oder Zufall glaubte. Würde ich an Verantwortung glauben, hätte ich es stoppen können. Würde ich an den Zufall glauben, wäre alles außerhalb meiner Kontrolle gewesen. Dann könnte alles passieren, immerzu. Wenn das der Fall wäre, könnte ich mich nachts frei bewegen, aber das war ja nicht der Fall. Das musste bedeuten, dass ich an Verantwortung glaubte. Die Idee, alles kontrollieren zu können, war großartig. Was ich heute getan hatte, könnte sich morgen als falsch herausstellen. Ich wusste nicht, ob ich noch an die Zeit glaubte. Obwohl der Vorfall vorbei war, war er es doch nicht. Ein Regisseur hatte die Szene immer und immer wieder mit reingeschnitten. Ich hatte kein Gefühl für eine zeitliche Abfolge mehr, nur noch viele übereinandergestapelte Clips. Als ich zu meinem Wohnheim kam, blieb ich vor der Eingangstür stehen. Es machte mir Angst, allein in meinem Zimmer ins Bett zu gehen. Ich sah, dass eine Gruppe von Mädchen im Dönerladen war, also ging ich dorthin, bestellte Pommes und Limonade. Setzte mich an meinen Platz am Fenster, konnte bleiben, bis die Nacht vorbei war. Ich hörte das Rauschen eines Fußballspiels im Fernsehen, sah vier Rücken im Hinterzimmer. Sie alle trugen graue oder schwarze Hoodies. Fußball ist der größte Vater der Welt.

Es war schade für uns beide, aber wir waren beide auf unsere jeweilige Art ekelhaft. Was mit mir geschehen würde, war nicht so wichtig. Aber er war ein kleiner Junge, der etwas Böses in sich trug, was mit ihm geschah, war entscheidend. Ich fragte mich, ob er es schon einmal getan hatte oder es wieder tun würde. Fragte mich, ob auch er Prüfungen hatte. Ein junger Mann, sein ganzes Leben noch vor sich. Ich hatte nie an Bestrafung geglaubt, dass es Paragrafen und Strafmaße gibt, die das Chaos hätten beseitigen können. Es war einfach eine Laune. Der Vorfall war Chaos, ein hässlicher Schlamm, der über die Ränder quoll. Es hätte nicht passieren dürfen. Ich dachte an ein Leben im Gefängnis – ob die Zellen wohl größer wären als meine Studentenbude? Diese Panik, zu wissen, dass die Tür abgeschlossen war. Das brachte mich auf den Gedanken, noch mal nachzusehen, ob ich auch wirklich abgeschlossen hatte. Ich trank einen teuren Tee. Es war Schlafenszeit. Der Sommer hatte uringelbe Abende, an denen Handtücher und Strandtücher von den Balkonen hingen. Mädchengangs fuhren auf ihren Rädern unter meinem Fenster vorbei, auf dem Weg zum Schwimmbad. Ich lag unter einer Decke. Nachts konnte ich jede Bewegung im Wohnheim spüren. Kühlschranktüren öffneten sich, Baumwollkleidung wurde auf Wäscheleinen gehängt, Buchseiten wurden umgeblättert. Auf der Anrichte in der Küche lag eine Honigmelone, die kurz vor dem Verfaulen war, ich konnte sie im Schlaf riechen. Es war untypisch von mir, eine Frucht so herumliegen zu lassen. Alles an der armen Melone auszulassen. Ich versuchte mir vorzustellen, wer er als Kind gewesen war. Ein kleiner Junge. Es war einfacher, ihn mir so zu denken. Dann konnte ich sehen, dass auch er etwas verloren hatte.

Ein Jahr war vergangen. Die Erinnerung an den Vorfall war nicht verblichen, aber zu einem Zyklus geworden. Um mich kreiste nun ein Mond. Er zog seine Bahnen. In der Finsternis, hinter allem anderen verborgen. Als dünne Sichel. Zuweilen voll und blendend. Ein verheißungsvoller Mond. So wie der Mond aussieht, wenn man ihn von einer Wüste aus betrachtet. Ich stopfte meine Sachen in schwarze Müllsäcke. Putzte jede einzelne Fläche des Raumes. Eine neue Studentin sollte mein Zimmer übernehmen. Sie wollte die Wände gelb streichen. Das wäre sicher schön. Sie hatte ein Mädchenlachen, mir wurde bewusst, dass meins versiegt war. Ich sagte nichts, als ich ihr den Schlüssel übergab. Der Schlüssel hatte nichts damit zu tun. Der Schlüssel war das letzte Objekt, das ich weggab. Alle anderen Dinge, die ich mit in sein Zimmer genommen hatte, waren weg. Nur mein Körper blieb mir noch. Der durfte mitkommen. Ich nahm ein letztes Mal den Fahrstuhl nach unten, ging hinaus in den Schnee. Sah an dem Haus empor, in fast jedem Fenster hingen Weihnachtssterne. Weihnachtssterne Ende Januar fand ich nicht okay.

Der Dönerladen war hell erleuchtet. Ich würde ihn vermissen. Er war immer offen, der sicherste Ort, den ich kannte. Jetzt standen Teenager in kurzen Daunenjacken draußen und teilten sich eine Zigarette. Ich ging hinein und bestellte einen Dönerteller und eine Limo. Holte die Limo aus dem Kühlschrank und setzte mich ans Fenster. Im Hinterzimmer saß eine Gruppe vor dem Fernseher. Ich konnte ihre Hälse sehen. Der Laden hatte einen ziemlich schönen Steinboden. Er erinnerte mich an die Böden in europäischen Nationalmuseen. Er war voller geschmolzenem Schneematsch. Ein junger Mann kam aus dem Hinterzimmer und wischte den grauen Schlamm mit einem Mopp weg. Ständig betraten neue Kunden den Laden, die neuen Schlamm hereinbrachten. Dann kam der Mann wieder aus dem Hinterzimmer, mit demselben Mopp im Schlepptau. Er trug schwarze Plastiksandalen und eine Jogginghose. Der Matsch lief und lief, er wischte und wischte. Die Tatsache, dass er die Suppe nicht den ganzen Raum füllen ließ, gab mir Hoffnung. Ich dachte, vielleicht gab es nicht mehr zu tun als das. Er kümmerte sich um seinen Boden, um seinen Laden. Ich wollte das Gleiche versuchen.

IL GIARDINO DEI TAROCCHI

Ich sehe schneebedeckte Alpen und grüne Seen. Frances hat zwei Be-
ruhigungstabletten geschluckt und ist eingeschlafen, bevor wir über
den Wolken waren. Früher bin ich gerne geflogen, fand es gut, dass
es solche Löcher in der Zeit gab. Hier konnte mich niemand anrufen,
hier war ich eine Weile aus der Welt. Ich schaue hinunter auf die Erde.
Es ist nicht dasselbe, jetzt, wo ich weiß, dass die Kinder da unten sind.
Ich ruhe, aber es ist eine Art Scheinruhe. Ich warte nur darauf, das
Telefon einschalten zu können, Bescheid zu sagen, dass ich da bin,
zu fragen, ob alles in Ordnung ist. Eine Flugbegleiterin kommt und
fragt, ob ich etwas möchte. Ob ich hübsch genug bin, um Flugbegleiterin zu werden? Ich glaube schon. Allein der Gedanke lässt Ruhe
in mir einkehren, eine solche Ruhe, dass ich ein weiteres Plastikglas
Wein ablehne. Nur das Tuch um den Hals könnte ich nicht ertragen.
Frances hat die Landung verschlafen, obwohl die ziemlich hart war.
Es rührt mich, dass sie dem Piloten und der Technik an Bord so
vertraut. Ruhig rollt das Flugzeug zum Terminal. Eine motorisierte
Gangway steuert auf uns zu. Wie auf einem anderen Planeten. Ich
verlasse das Flugzeug als Erste, das ist noch nie passiert. Die Flug-
begleitenden weisen uns den Weg zu einem kleinen gelben Bus, der
uns weiterfährt. In der Gepäckhalle stehen Nonnen rund um das
Förderband, ein ganzes Kloster scheint unterwegs gewesen zu sein.
Sie sind dünn. Ob sie wohl glauben, ich sei zu dick für Italien? Als
ich das Frances gegenüber erwähne, erwidert sie, das sei das Privile-
gierteste, was sie jemals von einem Menschen gehört habe.

Wir nehmen ein Taxi nach Rom. Ich ärgere mich, nicht doch mehr
Wein getrunken zu haben, so schnell, wie der Taxifahrer fährt. Und
nicht nur er, ich sehe eine Frau in kurzen Shorts und Bikinioberteil
auf einem Motorrad. Sie schlängelt sich so nah an uns vorbei, dass

ich die kleinen blonden Härchen auf ihren Armen sehen kann. Der Fahrer fragt, ob wir Schwestern sind. Nur Freundinnen, sage ich. Ich frage, ob er Capalbio kennt, die Stadt, die wir besuchen werden. Er tippt den Namen in sein Navi ein und sagt, *no problem*. Dann öffnet er das Handschuhfach, nimmt eine Visitenkarte heraus und reicht sie mir. Danke, sage ich. Sein Name ist Mauro. Call me, sagt er. Guck auf die Straße, sage ich, nachdem er sich zum dritten Mal umgedreht hat. Ich schaue zu Frances. Sie trägt eine Cap und Sonnenbrille. Es ist mehrere Jahre her, dass ich mit Freundinnen verreist bin, ich kenne die Regeln nicht mehr. Wir überqueren eine weiße Brücke, unter uns der grüne Tiber. Entlang des Ufers stehen Menschen mit Flaschen in der Hand, die Arme einander über die Schultern gelegt. Der Verkehr wird dichter, wir stehen lange vor einem Waschsalon. Drinnen warten Menschen auf Plastikstühlen und sehen zu, wie sich ihre Klamotten in den Trommeln drehen. Als wir am Kolosseum vorbeifahren, nimmt Frances ihre weißen Ohrstöpsel heraus. Schau, sagt sie. Ich lehne mich zu ihr hinüber und sehe, dass sie nicht auf das Kolosseum zeigt, sondern auf eine dunkle Vogelformation. Sie erinnern an einen Tornado, oder nein, sie erinnern an Ursula. Medusa, sagt Frances.

Abends gehe ich in eine Apotheke. Sie liegt in einer Straße, die ganz warm ist von Menschen und Lichtern. Da steht ein Mann hinter der Kasse, er nennt mich Signora. Ich nenne ihn Signore zurück, ohne zu wissen, ob es richtig ist. An der Decke hängen weiße Leuchtstoffröhren. Die Regale sind etwas staubig, ich nehme eine glänzende Dose mit länglichen Kapseln heraus. Gewöhnliche Schmerzmittel, aber in schöner Verpackung. Ich kaufe zwei, Frances soll eine davon bekommen. Ich kaufe auch ein Glas rosa Kapseln, ich weiß nicht, wofür sie sind, ein Plastikröhrchen mit Vitaminen, ein Haarspray und milde Baldrianwurzel-Dragees. Gebe dem Signore meine Scheine, es fühlt sich gut an, Scheine zwischen meinen Fingern zu haben. Manchmal erinnern Scheine mich an Haut, wenn sie alt, knittrig und abgenutzt sind. Sie wärmen die Hände. Wenn ich sie in der Tasche habe, spüre ich, dass sie einen schwachen Puls haben. Starke Beruhigungsmittel haben die gleiche Wirkung.

Frances wartet in einer Bar am Ende der Straße. Auf dem Tisch stehen ein Weinglas und ein Aschenbecher, ein friedlicher Anblick. Ich gebe ihr das Döschen mit den Schmerzmitteln, sie hält es gegen das Licht und schüttelt es ein wenig. Sweet, sagt sie. Die Bedienung kommt an den Tisch, ich bestelle das Gleiche wie Frances. Ich bin zum ersten Mal in Rom. Bin der Stadt gegenüber nicht misstrauisch, sie verhält sich so, wie ich vermutet habe. Der Geruch des trockenen Asphalts ist wie vermutet. Die halb geöffneten Balkontüren. Das Farbspektrum der Kleidung, die hier von Männern getragen wird. Ein Mann im braunen Anzug überquert die Straße mit seiner Tochter. Das Gesicht des Kindes ist tränenüberströmt, sie gehen Hand in Hand. Sie trägt eine Schultasche, und der Vater hat ein mildes Gesicht. Eine ganz undramatische Szene. Seine nackten Füße stecken in braunen Lederschuhen, ich frage mich, ob er zu Hause wohl auch barfuß läuft. Sie verschwinden in einem Säulengang, ich werde sie nie wiedersehen. Die Bedienung empfiehlt uns eine Pizzeria auf der anderen Seite des Flusses. Es ist weit bis dorthin, aber wir machen uns auf den Weg. Spazieren durch einen Rosengarten, der von Pinien und Gebäuden in warmen Farben umgeben ist. Der Spaziergang durch den Garten kommt mir bekannt vor. Vielleicht komme ich mir bekannt vor. Dass ich hier gehe, mit müden Beinen und an nichts anderes mehr denke. Hier scheinen alle Rosen der Welt zu wachsen. Auch die hässlichen, die gegen die dicken, blutigen Rosen schmächtig aussehen.

Rom hat schmale, dunkle Gassen. Überall sind Menschen. Die Kombination von Wein und Menschenmengen hat eine beruhigende Wirkung auf mich, mein Muskelgedächtnis lässt mich glauben, dass ich hier sicher bin. Ich vermisse die Kinder nicht, wenn ich weiß, dass sie schlafen. Es ist zehn Uhr abends, und die Temperatur sinkt. Die

Leute schmiegen sich näher aneinander. Frances bleibt mitten auf der Straße stehen, liest eine Cocktailkarte. Ich schaue auf, da hängt eine gesteppte Tagesdecke über einem Balkon, sie sieht selbstgemacht aus. Apfelsinen und gelbe Vögel als Muster. Wir betreten die Cocktailbar und bestellen die Empfehlung des Barkeepers. Frances wendet den Blick nicht vom Barkeeper ab, während er unsere Drinks mixt. Ich falte die Karte auf dem Tisch auseinander und zeige ihr die Route für morgen. Il Giardino dei Tarocchi öffnet erst nachmittags, sodass wir lange schlafen und shoppen gehen können. Also heilen und geheilt werden. In einem System, in dem die Verantwortlichen nicht zur Rechenschaft gezogen werden, gibt es verschiedene Alternativen. Betäubung, das habe ich getan. Ausweichen, das tue ich. Rache, mit dem Gedanken habe ich gespielt. Aushalten, das muss ich. Sie spielen The Supremes aus einem Lautsprecher über uns. Ich summe zu »You Keep Me Hangin' On«. Bei diesem Lied bekomme ich Gänsehaut, sagt Frances. Ja, das ist ein guter Song, sage ich. Meine Mutter hat immer The Supremes gespielt, wenn sie getrunken hat, sagt Frances. Ach ja? Ich hab die Musik immer schon gehört, wenn ich aus dem Schulbus gestiegen bin. Da wusste ich, es war Party angesagt. Wenn ich das so erzähle, klingt es furchtbar, aber das war es nicht immer. Es fühlte sich glamourös an, und es roch aufregend. Parfum und brauner Schnaps. Spannend, sie so zu betrachten, eine Mutter, die keine Mutter war. Sie hat abends oft Freundinnen eingeladen, sie waren alle wunderschön und ultrafeminin. Grauenvolle Frauen. Mit hohen Absätzen, die sich in unsere Teppiche bohrten; und sie haben mich immer mit ihren korallfarbenen Lippen auf die Wange geküsst, sagt Frances und hebt ihr Glas. Prost! Auf grauenvolle Frauen, sagt sie. Prost, sage ich.

Ich rufe Mauro am nächsten Morgen nach dem Frühstück an. Wir haben Obst gekauft, kleine Milchflaschen und süßes Gebäck. Das Essen steht zwischen uns auf einer Parkbank, die Sonne scheint Frances ins Gesicht. Sie trägt keine Mascara, ihre Wimpern liegen sanft auf ihren Wangen. Mauro sagt, er kann uns um eins vor dem Hotel abholen. Ich wiederhole mehrmals den Namen der Stadt. Capalbio. Okay! Capalbio!, brülle ich in den Hörer. Mädchenausflug, sagt Frances, nachdem ich aufgelegt habe. Kaum sind wir aufgestanden, landet ein Schwarm Tauben auf der Bank, um unsere Krümel aufzupicken. Der Springbrunnen mitten im Park spuckt Wasser, ohne Luft zu holen. Ein Orangenbaum hängt über einer Bank. Es sieht so aus, als hätte jemand auf ihr übernachtet. Darunter liegen eine Decke, eine rosafarbene Rolle Klopapier, leere Weinflaschen und Schokoladenverpackungen. Wir verlassen den Park, wandern durch Kopfsteinpflastergassen. Ein Mann steht vor einer Gelateria und isst ein Erdbeereis. Zwischendurch bückt er sich und lässt seinen Hund am Eis schlecken. Frances wirft mir einen Blick zu, der bedeutet, dass sie die Welt so sieht, wie ich sie sehe. Wir haben noch drei Stunden, bis Mauro uns abholt. Wir biegen in eine belebte Straße ein, wo Touristen in der Morgensonne sitzen. Da ich eine Frau ohne besondere Interessen oder Fähigkeiten bin, kann ich Dinge kaufen, um Kraft zu demonstrieren. Kaufkraft, aber immerhin. Wenn ich schon eine Lücke bin, durch die das Leben hindurchdringen kann, dann kann Geld genauso gut ein Teil davon sein. Die Reise ist erst wahr, wenn ich auf ein Objekt zeigen kann, für das ich bezahlt habe, so wie andere junge Frauen sich selbst in Yoga-Posen an Stränden fotografieren, wenn sie ihre leeren Hüllen durch die Welt tragen. Wir bleiben vor Max Mara stehen und treten durch die großen Glastüren ein. Kaum haben wir unsere Sonnenbrillen abgenommen, kommt ein junger Mann auf uns zu, er führt uns durch den Laden. Jedes Mal, wenn ich ein Kleidungsstück berühre, holt er zwei andere, die ich zusammen mit dem Kleidungsstück, das ich gerade berührt habe, tragen kann. Trotzig setzt Frances ihre Sonnenbrille auf und hockt sich schmollend auf ein Ledersofa, während der Verkäufer und ich herumlaufen und darüber wetteifern, was ich anprobieren soll. Am Ende entscheide ich mich für einen schwarzen Mantel, aber er besteht darauf, dass ich außerdem eine rote Lederhose und ein Top aus dem gleichen Leder mit in die Umkleidekabine nehme. Während ich mich umziehe, klopft er an die Tür, kommt mit Sandalen und einem Seidenschal herein. *Lovely*, sagt er, sobald ich aus der Umkleide komme. Er belädt mich mit einem Schmuckstück und drückt mir eine Tasche in die Hand. Walk, sagt er und klatscht zwei Mal in die Hände. Ich laufe den Gang zwischen den Umkleidekabinen und dem Geschäft auf und ab. Frances' Blick funkelt durch die Gläser ihrer Sonnenbrille. Der Verkäufer schnipst und summt irgendeine Melodie. *Amazing!*, sagt er. Ich gehe zurück in die Umkleide, entledige mich der Lederhose und dem Kitsch. Rufe durch die Tür hindurch, dass ich den Mantel nehme. Er wickelt ihn in Seidenpapier, erst ein weißes, dann ein rosafarbenes Stück Papier. Ich ziehe die Karte durch das Lesegerät und spüre die süßliche Übelkeit, die jedes Mal in mir aufkommt, wenn ich etwas Teures kaufe.

Ich trage den Mantel im Taxi, die dicke Baumwolle riecht neu und chemisch. Mauro ist professionell und dankbar für den Auftrag. Er trägt Sonnenbrille und fragt, ob er das Radio einschalten soll. Frances sagt *Sì*. Sobald wir auf der Autobahn sind, wirkt Rom wie eine Stadt, die von Menschen erschaffen wurde und nicht von Göttern. Auf einer kargen Ebene blinken die Lichter eines Casinos. Schmale Häuser säumen die Straße. Jugendliche in weißen Jeans und Lederjacken stehen vor einem Kiosk. Die Leute fahren Roller, als wären sie unsterblich, sie haben nackte Knöchel und tragen keine Handschuhe. Frances öffnet eine Limodose und fragt, ob ich den ersten Schluck will. Ich nehme die ganze, sage ich. Sie reicht mir die Limonade und nimmt sich selbst eine neue. Hey Mauro, willst du eine Limo?, fragt Frances. Okay, sagt er, und ich reiche ihm eine Dose nach vorn. Die Stimmung ist gut. Wäre ich allein auf dieser Reise, würde ich die ganze Zeit damit rechnen, dass Mauro in eine Seitenstraße einbiegen und mich mit einer Waffe aus dem Handschuhfach töten könnte. Ich sehe, wie er seinen Kopf im Takt der Musik bewegt und kleine Schlucke der Orangenlimonade nippt. Es ist eine Schande, dass ich ihm so etwas zutraue. Vor uns breitet sich jetzt die Landschaft aus, sie leuchtet grün. Hinter der Steinmauer, die die Straße von der Natur trennt, erstreckt sich ein Acker mit gelben Ähren. Mauro kurbelt das Fenster runter, und der süße Duft von Gras und Stein erfüllt das Innere des Wagens. Mehrere Autos rasen an uns vorbei, und auch Mauro wagt ein ziemlich hässliches Überholmanöver. Ich habe keine Kontrolle, es ist vergleichbar mit dem Gefühl, wenn ich nachts ein Insekt in meinem Bett finde. Es ist eine Wunde, die ständig neue Formen annimmt, und bei jedem Kontrollverlust wieder aufreißt. Wenn ich erkältet bin, flammt die Wunde auf. Wenn in meiner Stadt eine Bombe explodiert, bröckelt der Schorf. Nach einer Vergewaltigung trittst du in ein neues Zeitalter ein, es hat lange gedauert, bis ich verstanden habe, dass ich aus diesem neuen Zeitalter nie wieder herauskomme. Dass kleine Insekten und Taxifahrten nicht mehr so sind wie früher. Jetzt fahre ich an der Küste entlang, ich sehe Segelboote am Horizont auf dem Wasser dümpeln. Türkisfarbene Pools hinter Stacheldrahtzäunen. Das Paradies in einem Gefängnis, was soll das?, fragt Frances.

Das Taxi fährt eine Landstraße entlang, die Bäume hängen schwer über unseren Köpfen. Eine Herde Schafe weidet in der trockenen Landschaft. Das Auto biegt links auf einen schmalen Feldweg. Auf einem kleinen braunen Schild steht *Il Giardino dei Tarrochi*. Der Tarotgarten. Wir sind da. Ich bezahle die Fahrt, während Frances in der Sonne wartet. Mehrere Autos mit Touristen biegen auf den bescheidenen Parkplatz ein. Niki de Saint Phalle wollte ihre eigene Stadt bauen, das war ihr Lebenswerk. Sie brauchte dreiundfünfzig Jahre, ehe sie einen Vorfall als Vergewaltigung bezeichnen konnte. Das ist die Zeit, die es dauert. Wir wandern einen anonymen Pfad hinauf, bevor der Garten in Sicht kommt. Von außen gleicht er einer Burg. Wir werden von einer maskulinen Wand begrüßt. Wir gehen durch das Tor, betreten eine Parallelwelt mitten im Nirgendwo. Haushohe Betonskulpturen, jeder Millimeter mit Mosaiken bedeckt. Die

Hände und die Gedanken Niki de Saint Phalles haben all das erschaffen. Zuerst stehen wir lange vor der Skulptur der Hohepriesterin. Frances macht ein Foto und kniet nieder, um die Details des Mosaiks zu studieren. Anfangs gehen wir langsam von Skulptur zu Skulptur, fotografieren und dokumentieren. Ich drehe mich um und lasse meinen Blick über die toskanische Landschaft schweifen. Wenn ich darüber nachdenke, wie viel Platz der Garten einnimmt, welche Ansprüche Niki zu stellen wagte. Wir betreten die große Brust der Kaiserin, hier hat Niki sich ihr Zuhause gebaut. Dort steht ein langer Esstisch mit Stühlen, Frances setzt sich, ich bleibe am Fenster stehen. Ich frage Frances, ob sie es hier schön findet. Sie zögert ein wenig, sagt, dass es schon schön ist, aber sie es ein bisschen unfair findet, aus welchem Grund wir hier sind.

Inwiefern?, frage ich.

Stell dir mal vor, sie hätte nie von ihrer Vergewaltigung erzählt, sagt Frances.

Ja?

Jedes Mal, wenn jemand Niki de Saint Phalle erwähnt, ist eigentlich ihre Vergewaltigung und ihr Wahnsinn gemeint. Sie reduzieren ihre Kunst auf diese Version von ihr.

Und wenn sie nie etwas erzählt hätte, wäre ihre Kunst dann freier?

Vielleicht? Es fühlt sich nur so unfair an, dass man sie nie mit dieser Geschichte in Ruhe lässt. Nicht einmal ihre Arbeit ist davon befreit.

Das stimmt. Wenn du sagst, du bist vergewaltigt worden, dann bist du das in den Augen der anderen auch. Und wenn du es nicht sagst, dann stehst du ganz alleine da.

Es ist eine Falle.

Aber findest du nicht, ihre Kunst ist größer als der Missbrauch?

Doch, aber es kommt mir trotzdem ungerecht vor, dass wir jetzt hier stehen und darüber sprechen. An dem Ort, der sie beschützen sollte, in ihrer Kunst.

Hätte sie es denn erzählen sollen oder nicht?

Es hätte einfach nie passieren dürfen, sagt Frances.

Aber so was passiert doch andauernd. Dir auch, mir auch. Wir sind bestimmt allein in diesem Park an mindestens zwanzig Vergewaltigten vorbeigelaufen.

Glaubst du, wir sind an vielen Vergewaltigern vorbeigelaufen?

Weiß nicht. Ich weiß nicht, worauf ich da achten soll.

Vielleicht sollten wir mal unsere Blicke dorthin verschieben. Herausfinden, wer die sind, und warum sie so geworden sind.

Ich schaue aus dem Fenster hinunter auf eine Menschenmenge. Die meisten Leute laufen mit ihren Handys in der Hand herum und fotografieren sich und ihr Gefolge in der psychedelischen Landschaft. Habe mich immer schuldig gefühlt, Fehler gemacht zu haben. Spielte meine Rolle als Vergewaltigte nicht besonders gut.

Ich finde es nicht ungerecht, hier darüber zu sprechen, sage ich.

War nur so ein Gedanke, sagt Frances.

Wenn hier nicht darüber gesprochen werden kann, dann auch an keinem anderen Ort. Ich spreche es hier aus, dass mir das passiert ist.

Wir suchen uns ein schattiges Plätzchen. Frances gibt mir ein KitKat und zwei Aprikosen aus ihrer Tasche. Wir sehen den ockergelben Hängen dabei zu, wie sie in der Sonne dösen. Die Touristen tragen weiße Hosen und Spaghettiträger über braunen Schultern. Von der Bank aus haben wir einen guten Blick auf den Mond. Der Mond ist ein fünf Meter großes Frauengesicht im Profil. Sie ruht, anders als die anderen Skulpturen. Frances sagt, sie sei froh, dass ich vorgeschlagen habe, hierherzureisen. Dass ein neuer Raum in ihr geschaffen wird. Wenn man vergewaltigt wird, kehrt man immer wieder in den einen Raum zurück, in dem es passiert ist. Und je mehr Räume sie in sich selbst schaffen kann, umso mehr Zufluchtsorte hat sie. Der Park schließt seine Pforten, und wir folgen den Touristenmassen zu einer Bushaltestelle. Auf der Fahrt zurück nach Rom ist es heiß, der Bus gerammelt voll. Unsere Körper sind müde, wir schlafen das letzte Stück auf dem Weg in die Stadt. Als der Fahrer die Türen öffnet, rutschen wir wie zwei Quallen auf den Bürgersteig. Auf dem Rückweg zum Hotel legen wir noch einen Stopp ein und trinken ein kaltes Bier. Erst dachte ich, ich kenne die Stadt von früher, aber dann kapiere ich, dass diese Vertrautheit daher rührt, mich selbst in meinem Körper wiedergefunden zu haben. Frances zückt ihr Handy, zeigt mir die Mäntel, die sie im vergangenen Winter genäht hat. Meiner ist fast fertig. Er ist blau, mit einem goldenen Mond auf dem Rücken. Ein Vollmond mit geschlossenen Augen. Frances sagt, es sei ein Tagmond, er ist trotzig und stark.

Ich wache unter dem weißen Laken auf. Mir ist kalt, ich habe einen leichten Kater. Das Fenster ist offen, ich stehe auf und schließe es, ohne Frances zu wecken. Sie ist komplett mit ihrem Laken bedeckt, aber ich kann sehen, wie ihr Rücken sich hebt und senkt. Ich ziehe mir meine wärmste Kleidung an und gehe hinunter zur Rezeption. Da ist niemand, obwohl der Steinboden frisch gewischt ist. Es riecht stark parfümiert, genau wie die Handtücher und Kissenbezüge. Ein Müllwagen fährt vorbei, Touristen rollen ihre Koffer über den Asphalt. Ich betrete eine Seitenstraße in der Hoffnung, irgendwo Frühstück aufzutreiben. Bleibe an einem kleinen Kiosk stehen, an dem Espresso in winzigen Pappbechern verkauft wird. Ich bestelle drei davon. In einer Glasvitrine stehen Kuchen, sie sehen aus, als stünden sie schon seit Jahren so da. Den ersten Espresso trinke ich im Stehen am Ausschank. Die anderen beiden nehme ich mit auf die Straße, trinke sie so langsam ich kann, während ich an Santa Maria Maggiore vorbeigehe. Der Touristenansturm hat noch nicht eingesetzt, ich nutze die Chance, gehe die Treppe hinauf und in die Kirche. Dort sind Mönche, ich wünschte, ich könnte sie tausend Dinge fragen. Ob sie glauben, dass ich gesündigt habe oder ob ich etwas verpasse. Was sie tun, wenn sie sich ausruhen und wovor sie Angst haben. Ein Priester verschwindet in einem Beichtstuhl. Eine grüne Lampe springt an, Italiano steht darunter. Ich trete näher, sehe seine Silhouette hinter einem Gitter. Ich trage immer noch in jeder Hand einen Pappbecher, halte sie zwischen Daumen und Zeigefinger. Ich trinke aus und knülle sie zusammen. Trete noch näher, sehe, dass man bei der Beichte niederknien muss. Was würde ich sagen? Bedeutet der Priester in der Box, dass ich wieder unbefleckt sein kann, wenn ich nur darum bitte? Ein Mönch geht zum Beichtstuhl, kniet nieder. Seine Stimme ist sanft, ich kann mir vorstellen, dass er wunderschön singt. Kann auch den Priester murmeln hören. Vielleicht unterhalten sie sich nur wie zwei Freunde, was weiß ich.

Ich verlasse die Kirche und gehe tiefer in die Stadt hinein. Inzwischen ist sie erwacht. Mir kommt es so vor, als wäre der Abstand zwischen Straße und Zuhause hier etwas kürzer. Irgendjemand hat Wäsche zum Trocknen aufgehängt, Menschen versammeln sich zum Plaudern auf den Bürgersteigen, Schulkinder spielen in einem Aufgang. Ich sehe jemanden auf der Straße so herzlich lachen, wie ich es selbst nur zu Hause tun würde. Alle Restaurants, an denen ich vorbeikomme, haben geschlossen. Schließlich lande ich mitten im Morgenverkehr am Altare della Patria. Am Vaterlandsaltar. Gehe am Nationalmuseum vorbei, die Touristen stehen Schlange, obwohl das Museum seine Tore noch nicht einmal geöffnet hat. Ich überlege, mich in die Schlange zu stellen, aber ich habe Hunger. Biege in eine neue Seitenstraße ein, hier ist es ganz ruhig. Mir fällt auf, dass ich in solchen Straßen früher oft Angst hatte. Während dieses Urlaubs hat mich noch kein Mann auf der Straße angesprochen. Früher habe ich es mit Urlaub in Verbindung gebracht, dass einem auf offener Straße nachgerufen wird. Sind diese Zeiten vorbei? Man sieht mir an, dass ich Kinder habe, mein Gesicht ist quasi konkav. Das Mädchengesicht gibt es nicht mehr, ich habe es durch ein neues Frauengesicht ersetzt. Es sieht ganz normal aus, dieses Gesicht. Wenn ich auf meine Klamotten herunterschaue, sind es nicht die Klamotten einer gefallenen Frau. Der Gedanke, dass mich niemand belästigen will, schmerzt ein bisschen, auch wenn es keinen Spaß gemacht hat, als es noch so war. Am Ende der Straße sehe ich ein Schild mit der Aufschrift Hot Pho. Das Restaurant befindet sich im Untergeschoss des Gebäudes, ich muss eine kleine Treppe hinuntergehen. Schaue durch die schmalen Fenster, die noch gerade so über dem Asphalt hervorlugen. Drinnen steht ein junger Mann mit Trainingsanzug und einer langen weißen Schürze. Der Rest des Lokals ist leer. Ich gehe hinein. *Buongiorno*, sage ich. *Buongiorno*, erwidert er. Die Wände sind gelb gestrichen und hinter der Theke hängen Fotos verschiedener Versionen von Pho-Suppe. Alles sieht braun aus. Ich bestelle die Nummer drei und eine Cola. Setze mich an einen Tisch in der Mitte des Raums und hänge meine Jacke über den Stuhl. Der junge Mann bringt mir die Cola und ein Glas mit Eiswürfeln. Dann verschwindet er in einem Hinterzimmer. Der Raum ist feucht und heiß. Ich stütze mein Kinn in meine Hand, schließe für ein paar Sekunden die Augen. Könnte so einschlafen. Höre, wie er in der Küche ein Radio einschaltet und zur Musik mitsummt. Ich schaue hoch, die gesamte Decke ist verspiegelt. An den Wänden hängen Weinranken aus Plastik. In der Mitte surrt ein Deckenventilator. Bin müde. Lasse diese Reise Revue passieren, es war eine schöne Reise. Meine Beine sind auch müde, so wie immer, wenn ich in großen Städten bin. Denke an den Saal mit all den Spiegeln. Dass Niki einfach dort liegen und an ihre eigene Decke schauen konnte. Ihren eigenen Blick darin erkennen. Die Macht ergreifen.

Mein Handy klingelt. Ein Herz leuchtet auf dem Display. Hallo?, sage ich. Mama, erklingt eine helle Stimme von der anderen Seite des Kontinents. Es ist Johannes. Alles in Ordnung?, frage ich. Ja, sagt er. Dann sagt er nichts mehr, ich höre nur noch Küchengeklapper im Hintergrund. Was machst du?, frage ich. Ich male, sagt er. Wie schön, mein Schatz. Tschüss, Mama, sagt er mit einem Enthusiasmus, den nur Kinder für dieses Wort haben. Tschüss, mein Schatz, sage ich, bevor die Leitung unterbrochen wird. Ich sehe mich um, ein Paar hat das Restaurant betreten. Sie halten Händchen über dem Tisch und teilen sich eine Limo. Ich stehe auf und nicke dem jungen Mann hinter der Kasse zu. Eine Glocke schellt, als ich die Tür öffne und hinaus auf die Straße trete. Trage die Wärme der Suppe und von Johannes' Anruf in mir. Gehe eine schmale Gasse hinauf, zwischen goldenen Fassaden hindurch. In diesem Moment bin ich sicher. Komme an einem Kiosk vorbei, der Früchte und Tabak verkauft. An der Decke hängen riesige Rispen von Weintrauben, so eine kaufe ich. Gehe in den winzigen Park, in dem wir gestern gefrühstückt haben, dort liegen sowohl Obdachlose als auch Männer in Anzügen im Gras. Ich finde einen Platz, von dem aus ich den Springbrunnen und das Restaurant auf der anderen Straßenseite sehen kann. Ein

Kellner stellt Aschenbecher auf alle Tische, bevor er unter den Markisen verschwindet. Ich sehe eine Frau mit schwarzer Kapuzenjacke und Jogginghose an einem Tisch vor dem Restaurant sitzen. Sie blättert in einem Buch und wirkt wie ein Irrtum im neoklassizistischen Stadtbild. Auf dem Tisch stehen drei kleine Espressotassen. Ich stehe auf und rufe: Frances!